민주시민교육, 한 걸음 더 나아가요

민주야,
우리 시민 되자!

민주야, 우리 시민 되자!

초판 1쇄 인쇄 2021년 12월 22일
초판 1쇄 발행 2021년 12월 31일

지은이 김병국, 박주현, 오연희, 조희정
펴낸이 김승희
펴낸곳 도서출판 살림터

기획 정광일
편집 조현주, 송승호
북디자인 꼬리별

인쇄·제본 (주)신화프린팅
종이 (주)명동지류

주소 서울시 양천구 목동동로 293, 2215-1호
전화 02-3141-6553
팩스 02-3141-6555
출판등록 2008년 3월 18일 제313-1990-12호
이메일 gwang80@hanmail.net
블로그 http://blog.naver.com/dkffk1020

ISBN 979-11-5930-209-1 03370

민주시민교육, 한 걸음 더 나아가요

민주야, 우리 시민 되자!

김병국·박주현·오연희·조희정 지음

살림터

'민주'와 함께 걷는 이 길 위에서

연예인 '학교폭력' 사태에 가요·방송·영화까지 휘청

_아주경제, 최송희 기자(2021. 3. 8)

스포츠윤리센터 2달 만에 체육계 학교폭력 61건 접수

_MK스포츠, 박찬영 기자(2021. 6. 24)

　최근 유명 연예인과 운동선수의 과거 학창 시절 학교폭력 문제가 불거지면서 여론의 질타를 받고 있습니다. 공교육을 통해 인성교육, 민주시민교육 등 다양한 노력을 실천하고 있음에도 불구하고 학력 향상과 입시라는 문턱 앞에서 '존중', '자율', '연대'의 시민적 가치를 학교 현장에서 가르치고 배우기는 생각만큼 쉬운 일이 아닙니다. 여기에 코로나19 장기화로 학생, 교사, 학부모 모두가 또 다른 부담감과 피로감을 토로하고 있습니다.

　이러한 상황에서 우리의 아이들은 앞으로 어떤 삶을 살아야 할까요? 무엇을 배우고, 어떤 가치관을 가져야 우리 아이들이 더욱 행복할 수 있을까요? 이러한 물음들에 대한 답을 찾기 위해 '민주시민교육'에 주목한 유치원, 초등학교, 중학교, 고등학교 선생님 4명이 한데 모였습니다. 서로 경력도 근무지도 다르지만, 교실 속 우리 아이들을 '존중', '자율', '연대'의 가치를 실현하는 시민으로 키워 내야 한다는 열정은 같았습니다.

이 책을 쓰는 우리가 민주시민교육의 특별한 경력이 있다거나 전문적인 식견이 깊다고 말하기는 어렵습니다. 하지만 민주시민교육은 우리와 같은 평범한 교사들이 일상 속에서 실천할 수 있어야 그 가치가 비로소 빛난다고 생각합니다. 그렇기에 이 책이 여러분에게 드리는 의미가 분명히 있을 거라 확신합니다.

『민주야, 우리 시민 되자!』는 유·초·중·고 선생님들이 민주시민교육의 다양한 가치들에 대한 생각과 구체적인 실천 사례들을 서로 나누고, 앞으로 민주시민교육이 나아가야 할 방향과 과제에 대해 함께 고민한 기록입니다. 또한 교실 속 평범한 아이인 '민주'가 민주시민으로 성장해 가는 과정을 엿볼 수 있습니다.

1장 '민주시민교육, 함께 생각해 봐요'에서는 민주시민교육의 진정한 의미를 고찰해 봅니다. 2장 '나와 안전, 소중한 나를 지켜요'부터 8장 '사회참여, 우리의 목소리를 높여요'까지는 '안전', '공동체', '생태', '평화', '인권', '디지털 시민성', '사회참여' 등 민주시민교육의 다양한 영역에서 민주시민 역량을 기르기 위해 고민하고 실천한 내용을 담았습니다. 2장에서 8장까지 각 장의 앞부분에 수록된 민주의 이야기는 아이들의 일상 속에 민주시민교육이 필요했던 바로 그 순간을 만화 형식으로 엮었습니다. 〈여는 이야기〉는 교직에서 느낀 경험과 서로의 견해를 나눈 기록이며, 〈민주의 성장 일기〉는 수업 후 아이들의 다양한 소감과 변화를 바탕으로 각색한 것입니다. 그리고 9장 '민주시민교육, 한 걸음 더 나아가요'에서는 미래지향적인 관점에서의 민주시민교육을 다루었습니다.

이제 '민주'와 만날 시간입니다. 무엇보다 이 책을 읽는 모든 이들이 민주시민교육에 대한 거리감을 좁히고, 민주시민교육이 우리의 삶 속에 늘 함께한다는 점을 꼭 기억했으면 좋겠습니다. 나아가 '우리도 민주시민교육을 실천할 수 있겠구나!'라는 믿음과 용기도 한껏 얻어 가길 소망합니다.

'민주'와 함께 걷는 당신의 길을 늘 응원하겠습니다.

글쓴이 일동

오늘의 독일을 세계에서 가장 성숙한 민주 사회로 만든 것은 바로 민주시민교육이다. 『민주야, 우리 시민 되자!』는 한국 민주시민교육의 새 장을 열어젖히는 파격적인 책이다. 이 책을 통해 우리 사회도 보다 성숙한 민주 사회로 성장하길 기대한다. _김누리(중앙대학교 교수)

'민주시민교육', 이 말만큼 익숙하면서도 어려운 말이 또 있을까. 우리 교육이 마땅히 해야 할 일이건만, 그동안 제대로 가르치지도 않았고 심지어 가르쳐 보려고도 하지 않았다. 이 책에서는 이론과 지식이 아닌, 우리 일상이자 실천의 문제로 민주시민교육을 이끌고 있다. 이 책의 '민주'가 우리의 시민이 되어 가는 과정을 지켜보면서, 여러분의 '민주', 우리 모두의 '민주'가 다 함께 '시민'이 되는 황홀한 순간을 지금 만들어 보자. _최홍원(상명대학교 국어교육과 교수)

교육은 백년지대계라는 말이 무색하게도 교육의 위기 담론과 교육에 대한 해묵은 논쟁들이 교육현장을 지배하고 있는 요즘, 민주시민교육에 대해 적극적으로 고민하고 성찰하며 용기 있게 실천하고 있는 선생님들의 이야기는 많은 동료 교사들에게 희망이 될 것이다.

이 책을 통해 더 이상 소수의 아이들을 위한 교육이 아닌, 유치원부터 고등학교까지의 모든 아이들이 자기 삶의 주인공으로서 거듭날 수 있는 민주시민교육의 무한한 가능성을 발견하기를 바란다.

_김철주(전라남도장성교육지원청 교육장)

민주시민이 자라는 학교는 미래교육의 혁신이며 희망이다. 전라남도교육청은 민주시민교육을 역점 과제로 정하고, 민주적 시민성을 키우기 위한 단위 학교와 학생들의 주도적인 역할과 참여를 지원하고 있다. 전남의 유·초·중·고 선생님들이 한데 모여 고민하고 실천한 경험들은 아이들이 삶의 주인으로 함께 성장하는 민주시민교육의 가장 큰 원동력이다. 그렇기에 이 책은 자율, 존중, 함께의 가치가 자라는 민주시민학교의 무한한 가능성을 보여 줄 것이다.

_전형권(전라남도교육청 장학관)

이 책을 펼쳐 든 여러분이 우리의 희망입니다. 여러분이 꾸는 꿈이 바로 우리의 미래입니다. 이 책을 통해 세상과 소통하고 공감하는 호흡법을 깨닫고, 함께 건강한 민주시민으로 성장하길 고대합니다. 시민 한 사람 한 사람이 모여 거대한 민주 사회의 역사를 만듭니다. 지금 우리 모두는 역사의 주인공입니다. 교육현장에서 아이들과 함께 민주시민의 마중물 역할을 해 주시고 있는 선생님들께 큰 박수를 보냅니다.

_김영일(남악고등학교 교장)

일상이 되어 버려 돌아볼 생각조차 하지 못했던 교실 속 상황들을 다시 보게 되었습니다. '이렇게 생각할 수도 있구나!' 교사의 모든 말과 행동이 아이들에게 큰 영향을 주는 것을 알기에 더 따스한 마음으로 배려해야겠다는 생각이 들었습니다. 우리와 만나는 민주와 시민이들이 존중받는 민주시민이 되었으면 하는 바람으로 선생님들께 근사한 이 책을 권해 드립니다. _정유진(긍정의 씨앗을 심는 그래쌤, 유치원 교사)

이 책은 '민주시민'에 대한 담론과 철학을 소소하지만 일상의 평범한 수업을 통해 다양한 스펙트럼으로 빚어낸 실천서이다. 민주시민교육에 대한 방향과 수업을 고민하는 교사가 있다면 그들에게 이 책은 민주시민교육을 도전할 수 있는 용기가 될 것이다.

_이성호(『보배로운 교사생활』 저자, 초등 교사)

아이들이 자기주장을 하고 문제의식을 강하게 드러내는 표현이 불편한 제가 이해할 수 없는 아이들을 180도 달리 보게 되었습니다. 나의 교직생활 면면을 돌아보며 문제라고 생각했던 화살의 방향이 되돌아 내게 꽂히게 한 책이었습니다. _안혜숙(송강고등학교 교사)

민주시민교육의 중요성은 알고 있었지만 실제로 경험해 보지는 못해 멀게만 느껴졌다. 하지만 이 책을 읽고 민주시민이라는 것이 안전, 공동체, 생태, 평화, 인권, 사회참여와 같이 내 생활 주변에 있다는 것을 알게 되었고 나부터 민주시민이 되어야겠다는 생각이 들게 해 주었다. 민주시민교육에 대해 한 발짝 더 다가가게 해 준 이 책을 현장에 계신 선생님들뿐만 아니라 나와 같은 예비 교사에게도 추천한다.

_조은정(역사 선생님을 꿈꾸는 예비 교사)

텔레비전이나 인터넷 등에서 흉악한 범죄 기사가 쏟아져 나올 때도 우리 가슴을 따뜻하게 하는 많은 선행들이 세상 곳곳에서 이어지듯,

어떤 상황에서도 자신의 자리에서 사랑을 베푸는 이들로 인해 세상은 조금씩 더 살 만해진다. 이 책은 교실에서 한 걸음씩 묵묵하게 전진하고 있는 선생님들과, 기성세대보다 좀 더 민주적인 삶을 살아가려고 노력하는 우리 자녀들의 이야기다. _정병국(좌야초등학교 4학년 서빈이 아빠)

　세상을 바꿀 수 있다는 믿음을 바탕으로, 공감과 연대의 가치를 심어 주는 교육에 대해 고민하는 선생님들의 진심을 느낄 수 있었습니다. 저를 비롯한 이 세상의 모든 민주가 더 따뜻한 사회를 만들어 내는 사회 구성원으로 성장할 수 있도록 자신감과 용기를 불어넣어 주는 책이라고 생각합니다. _김태인(남악고등학교 3학년 학생)

차례

1장

민주시민교육, 함께 생각해 봐요

1912년 4월, 타이타닉호 침몰 당시 에드워드 존 스미스 선장은 승객 1,700여 명을 구하고 배와 함께 가라앉았다. 승무원이라고 왜 생명 애착과 공포가 없었겠는가? "영국인답게 행동하라!(Be British!)" 이 한마디에 승무원들은 구조대로 변했다. "한국인답게 행동하라!(Be Korean!)" 이 말이 있었다면, 정녕 있었다면, 이게 뭘까?　　　　　　　_송호근, 『나는 시민인가』에서

1.
우리는 민주시민일까?

2021년, 12명의 국회의원이 「교육기본법」에서 '홍익인간'의 이념을 삭제하고 '민주시민'을 넣는 것을 주요 내용으로 하는 일부개정법률안을 발의했다가 교육계 등 다양한 학계와 여론의 반발에 부딪히자 철회하였다. 논란이 된 개정안의 주요 내용은 제2조 교육 이념에서 추상적인 표현인 '홍익인간의 이념'을 삭제하고, '국민'을 '시민'으로 변경하겠다는 것이었다. 이보다 앞서 2020년 10월 교육부가 주최한 '학교 민주시민교육 포럼'에서 경인교대 설규주 교수가 「민주시민교육 관점에서 살펴본 2015 개정 교육과정 총론의 개선 방향」을 발표할 때, 교육 이념을 홍익인간에서 민주주의로 개정하는 것이 필요하다고 언급하기도 했었다.

같은 시기에 '학교민주시민교육촉진법안'이 국회에서 발의되었는데 이 법안은 국가교육과정에 민주시민교육 과목을 편성하고, 학교는 민주시민교육 계획을 세워 운영하는 것이 주요 골자이다. 이러한 정치적 움직임을 다양하게 해석하면서, 찬반 논란은 있을 수 있겠지만 더욱 체계적이고 내실 있는 민주시민교육이 절실히 필요하다는 공감대는 형성된 듯하다.

홍익인간과 민주시민의 의미를 잠시 살펴보자. 홍익인간은 『삼국유사』에 실린 고조선 건국 신화에 나오는 말로 '널리 인간 세계를 이롭게 한다'는 단군의 건국 이념이다. 홍익인간은 해방 이후 최초 교육법 제정 때부터 우리의 교육 이념이자 핵심 가치가 되었다. 민주시민이란 말 그대로 '모든 권력은 국민으로부터 나온다'는 민주주의의 원리를 실천하며 살아가는 사람을 의미한다. '홍익인간'과 '민주시민' 모두 개인의 존엄성에 대한 강조와 동시에 공동체를 향한 책무성을 강조하는 의미가 내포되어 있다.

그렇다면 개인의 가치와 공동체의 가치는 동시에 존중받을 수 있는가? 우리는 무수히 많은 갈등 상황에서 그것이 쉽지 않다는 것을 알고 있다. 그러므로 우리가 민주시민교육을 강조하고 실천하기에 앞서 어른인 우리가, 특히 교육자나 지도자로서의 우리가, 부모로서의 우리가 과연 민주시민으로 살아가고 있는지를 성찰해 보아야 할 필요가 있다.

'나는 민주시민일까?'라는 성찰적 질문에 자신 있게 그렇다고 대답할 수 없다. 교사로서 나는 매년 만나는 아이들을 진심으로 대하며 가르치는 일에 최선을 다하고 있다고 말할 수는 있겠다. 학교에서 나는 어려운 가정환경의 아이들에게 때로는 부모와 같은 헌신과 사랑을 베풀기도 하고 교사로서 보람과 성취감을 느끼기도 한다. 그뿐만 아니라 나에게 주어진 업무를 좀 더 효율적으로 수행하기 위해 노력하며 때로는 공적인 업무에 사적인 시간을 할애하기도 한다. 그뿐인가? 자식이라는 또는 부모라는 이름의 가족 구성원으로서 나의 역할에 최선을 다하며 살아가고 있다. 그렇지만 이러한 역할을 해내는 것을 내가 처해 있는 현실에서 충실히 살고 있다고는 말할 수 있지만, 민주시민으로서 살아가고 있다고 할 수는 없다. 왜냐하면 '시민' 또는 '민주시민'의 의미를 곱씹어 볼 때 그 의미가 주는 무게감만큼은 살고 있지 못하기 때문이다.

시민은 민주 사회의 구성원으로 권력 창출의 주체로서 권리와 의무를 가지며, 자발적이고 주체적으로 공공 정책 결정에 참여하는 사람으로 비판적 사고와 합리적 의사결정 능력을 가지고 있다는 점에서 대중과는 대비되는 개념[1]이다. 또한 『표준국어대사전』은 민주시민을 다음과 같이 정의하고 있다.

> 민주시민(民主市民)
> 민주주의의 원리를 존중하고 실천하는 태도를 가지며 개인적 행복을 추구하는 동시에 국가와 사회의 발전에 공헌할 수 있는 사람.

몇 년 전 아래와 같은 글귀를 문자로 받은 적이 있다. 우리 지역 총선 후보가 투표에 참여해 달라는 호소 문자를 보내면서 인용했던 기억이 난다.

> "참여하는 사람은 주인이요,
> 그렇지 않은 사람은 손님이다."
>
> _도산 안창호

참여의 진정한 의미를 생각할 때 나 스스로를 민주시민이라고 칭하기 어렵다. 내 주변에서 일어나는 여러 가지 불편함이나 문제에 대해 생각해 본 적은 있지만, 적극적으로 나서서 해결하려고 노력해 본 적

---

1. 이상수(2006), 『Basic 고교생을 위한 사회 용어사전』, 신원문화사.

은 없었던 것 같다. 한 예로 나는 내가 사는 아파트 주민자치회 회의에 단 한 번도 출석한 적이 없다. '누군가가 해결해 주겠지?', '잘 해결될 거야'라고 생각하는 의존적이고 소극적인 구성원일 뿐이다. 교사이다 보니 정당 활동은 법적으로 금지되어 있으며 시민단체 활동도 적극적으로 참여하기는 어렵다. 물론 정치적 입장을 취하는 것도 조심스럽다. 사회에서 관계를 맺은 이웃들도 비슷한 직종의 교사나 공무원이다 보니 사회적으로 민감한 이슈나 정치 이슈들이 대화 주제가 되는 일은 거의 없다. 그런데 이런 내가, 우리 교사들이 학교에서 민주시민교육을 어떻게 실천할 수 있을까? 어떻게 학생들에게 개인 모두가 공동체의 주인임을 깨닫게 하고, 민주적인 참여와 문제 해결을 경험하도록 가르칠 수 있을까? 그리고 나와 우리 교사들은 앞으로 어떠한 모습의 민주시민을 지향하며 살아가야 할까? 우리의 제자, 학생들에게 어떤 롤모델이 될 수 있을까?

2.
민주시민교육이란 무엇인가?

민주시민교육은 해방 이후 사회과가 도입된 교수요목기부터 시작되었다. 몇 차례의 교육과정 개정을 거쳐 오면서 그 용어와 의미가 점차 세련되어졌지만, 그 시작은 민주주의 국가의 출발과 동시에 이루어졌다. 최근 수년 사이, 다원화된 사회 속에서 갈등과 혼란이 심화되자 학교 민주주의 교육이 더욱 주목을 받게 되었다.

2018년 교육부는 민주시민교육의 중요성을 강조하고, 학교에서의 민주시민교육을 장려하고자 '민주시민교육과'를 신설하여 민주시민교육 계획을 발표했다. 2022년부터는 '민주시민' 교과목을 신설하고 학생회를 법제화하는 계획 등의 정책을 예고했다.

우리 교육의 패러다임은 학교에서 민주주의를 경험하고 시민성을 발휘할 수 있도록, 즉 학교교육과정과 학교생활 전반을 통해 민주시민 역량이 길러지도록 요구하고 있다. 이러한 요구는 학교자치와 학생자치를 활성화하고 교직원, 학부모, 학생이 모두 참여하는 민주적인 학교문화를 만들어 가려는 노력으로 실천되고 있다.

학생들은 더 이상 학교의 구성원으로만 머물러 있지 않다. 학생들은 지역사회의 청소년의회 활동을 하며, 마을의 불편한 점을 개선하기 위해 의견을 낸다. 또 학생들이 직접 학교 주변이나 마을의 문제점을 찾아 함께 시정을 요구하며 지역청이나 의회에 건의하거나 호소하기도 한다. 교실에서는 학급의 자치법정을 열어 자신들의 문제를 해결하는 경험도 한다. 교사들은 이러한 실천 경험을 나누면서 학급과 학교를 작은 민주 사회로 만들어, 공동체 속에서 시민의 역할과 책임을 경험하고 민주시민 역량을 기르기 위해 노력한다. 학급에 일어나는 문제들을 스스로 해결하면서 학생들은 문제 해결의 주체가 되며 성취감과 시민 의식을 기르는 것이다.

이처럼 우리는 여러 가지 방법적인 측면에서 학교 민주시민교육의 실천을 위해 노력해 왔다. '코로나19'라는 위기 속에서도 우리는 온라인 실시간 화상회의 시스템을 활용하여 쌍방향 의사소통의 장을 만들었고, 온라인과 오프라인을 넘나들며 문제를 해결하기 위한 생각을 적극적으로 나누고 있다.

이제, 위기 상황에서도 물리적인 한계들을 극복하며 열심히 실천해 온 학교 민주시민교육에 대한 중간 점검이 필요한 때다.

그동안의 다양한 실천이 민주시민성을 잘 길러 줄 수 있는지, 무엇보다 미래를 살아갈 우리 아이들이 길러야 할 '민주시민성'은 구체적으로 무엇인지에 대한 개념과 그 의미부터 다시 점검해 보아야 한다.

우리는 민주시민교육의 다양한 요소와 가치 등을 생각해 보았다. 그동안 주로 학교현장에서의 사례 위주로 그 방법적인 면들을 공유해 왔는데, 학교에서 다뤄야 할 주제, 길러야 할 핵심 가치와 역량이 무엇인지에 대한 의견은 서로 조금씩 차이가 있었다. 게다가 민주시민교육에 대한 개념도 교사마다 다르게 인식하고 있었다.

"민주시민교육이란 타인과 살아가는 세상 속에서 타인과 자신을 존중하고 자신의 권리를 표현하고 누릴 수 있는 한 인간으로 성장해 갈 수 있는 교육."

"민주시민교육이란 '나'의 존엄한 존재를 깨닫고, '소외된 사람들'을 위해 주체적으로 실천할 수 있는 시민을 키우는 생활교육."

"민주시민교육은 우리 학생들이 사회의 구성원으로서 사회에서 일어나는 다양한 문제를 해결하기 위한 지혜를 기르는 교육."

"민주시민교육은 안전이 보장된 교실에서 자신의 삶을 주체적으로 살아가며, 공동체 생활에 소속감을 갖고 의사결정에 참여하는 사람으로 성장해 갈 수 있도록 돕는 교육."

_민주시민교육에 대한 교사들의 다양한 생각

그렇다면 교육부에서는 민주시민교육을 어떻게 정의했을지 살펴보자.

> 민주시민교육이란? (2018, 교육부)
> 비판적 사고력을 가진 주체적인 시민이 민주주의 가치를 존중하고 서로 상생할 수 있도록, 민주시민으로서의 역량을 향상시키는 교육.

여기에서 주체적인 시민이란, 국가가 부여하는 주권을 누리는 사람이 아니라 다양한 공동체에서 자기 삶의 결정권자로서 살아가는 사람, 즉 주권자 시민을 의미하며 민주주의의 가치란 자율, 존중, 연대의 세 가지를 의미한다.

교육부[2018]는 민주시민으로서의 역량을 다음과 같이 여섯 가지로 제시하였다.

> 민주시민으로서의 역량
> 1. 민주주의의 기본 원리와 핵심 가치에 대한 지식과 이해
> 2. 타인의 권리와 존엄성을 존중하고 다원성을 인정하는 시민적 관용
> 3. 공공생활에 적극적으로 참여하고 실천하는 시민적 효능감
> 4. 사회·정치적 문제를 객관적으로 파악하는 비판적 사고력
> 5. 대화와 토론으로 문제를 해결할 수 있는 능력과 기술
> 6. 약자를 보호하고 정의와 상생의 원칙에 따른 협력과 연대

민주시민교육의 개념을 통해 알 수 있듯, 민주시민교육에서 다뤄야 할, 또는 다룰 수 있는 내용과 범위는 방대하고 다양하다. 그러므로 민주시민교육은 학교교육의 출발점에서부터 종착점까지 전 과정에서 추구해야 할 지향점이자 교육의 목표라고 말할 수 있다. 또 '민주시민'은 교육의 결과로 나타나야 할 인간상이기도 하다.

3.
민주시민교육, 어떻게 할까?

민주시민교육은 실천하는 인문학, 실천의 철학이다

사회는 경제적인 측면이나 과학기술 측면에서 진보와 발전을 거듭하고 있지만, 그 이면에는 어두움이 더 짙어지고 있다. 경제가 발전할수록 빈부격차는 극대화되고, 비인간적인 범죄는 날이 갈수록 그 끔찍함과 잔혹함이 더욱 심각해졌다. 'N번방' 사건, 아이가 사망에까지 이르는 아동학대, 공직자들의 부동산 투기 등. 저녁 식사를 하면서 뉴스를 보다 보면 밥숟가락을 던져 버리고 싶은 충동이 생길 정도다. 인터넷 기사나 SNS에서 댓글이라도 읽고 있노라면 경악을 금치 못한다. 차마 면전에서 할 수 없는 말들로 도배되는 글을 우연히라도 읽을 때면 가끔은 얼굴이 벌게지며 화가 치밀어 올랐다. 요즘은 그런 것도 일상이려니 한다.

교육학은 이론으로만 존재하는 것이 아니라 실천의 학문이고, 교육의 내용과 방법은 시대와 사회에 따라 변화한다. 그러므로 교육자는 특히 사회에서 일어나는 여러 가지 일들에 눈을 감고 있을 수 없다. 경제, 사회, 문화, 정치 등 다양한 현상들에 무관심하게 있다가는 헌교육, 시대에 맞지 않는 교육이라는 비판의 중심에 설 것이다.

우리 교육을 비판할 때, '19세기의 교실에서 20세기의 교사들이 21세기의 학생들을 가르친다'라는 인용문을 많이 사용하곤 한다. 이는 미래학자 앨빈 토플러가 십수 년 전 우리나라 교육을 비판한 말이다. 그는 우리나라의 획일화된 교육, 즉 공장과 같은 대량 생산 체제의 교육을 비판한 것이지만, 다시 해석하면 교육이 사회와 시대 변화에 민감하게 대처해야 함을 강조한 것이다.

우리는 4차 산업혁명이라고 불리는 시대에 살고 있다. 인공지능과 같은 첨단 산업 발전과 더불어 인간의 삶은 풍요로워졌다. 하지만 시선을 조금만 달리하면 빈부격차의 심화, 인간소외, 전쟁과 폭력 등 개인이 처한 현실은 결코 나아졌다고 할 수 없다. 오히려 인간답게 살 수 없는 사람들이 더 늘어났다. 그러니 지금 시대의 교육은 우리가 이룬 놀라운 변화와 발전의 이면에 나타난 부정적이고 파괴적인 결과를 바로 보고, 인간적인 삶, 곧 인간의 존엄한 가치를 지키는 일에 집중해야 한다.

이런 의미에서 나는 민주시민교육을 인간적인 삶을 살아가기 위한 교육, 인간의 존엄한 가치를 지키는 일이라고 생각한다. 민주시민교육을 통해 우리는 학생들과 함께 현재 우리나라에서 또는 세계에서 일어나는 다양한 사건들을 비판적으로 바라보고, 이를 해결하기 위해 노력하는 일들을 해야 한다. 그리고 수업 과정을 통해 자유와 평등, 인권 존중, 공감과 배려, 협력 등의 다양한 인간적 가치를 발휘할 수 있도록 이끌어야 한다.

민주시민교육의 궁극적인 종착점은 인간적인 삶이 무엇인지를 사유할 줄 알고, 나아가 인간적인 삶을 실천할 힘을 기르는 것이다. 나는 민주시민교육을 '실천하는 인문학'이며, '실천의 철학'이라고 말하고 싶다.

민주시민교육은 인류애에 뿌리를 둔 저항권 교육이다

독일의 프랑크푸르트학파 철학자 테오도르 아도르노는 교육에서의 경쟁을 비판하고, 저항권 교육을 강조했다. 최근 김누리 교수, 장은주 교수 등의 학자나 정치철학자가 아도르노나 하버마스 같은 철학자들의 논리를 이해하기 쉽게 소개해 주었다. 특히 김누리 교수는 방송이나 강연에 출연하여 우리나라의 교육 현실을 비판하고 개선 방향에 대한 날카로운 지적으로 대중들의 공감을 받고 있다. 그는 저서[2]를 통해 우리나라의 민주주의 역사를 성찰하고 경쟁교육을 비판하는 등 우리의 행복한 삶을 위한 의미 있는 시사점들을 제시했다. 또한, 그는 강연이나 저서에서 주로 독일의 역사와 사례들로 이야기를 풀어 간다.

이쯤에서 독일의 민주시민교육 이야기를 잠시 해 보려고 한다. 테오도르 아도르노는 정치교육, 특히 저항권 교육을 강조한다. 그는 교육 담론[3]에서 교육은 적응과 동시에 저항을 가르쳐야 한다고 언급한다. 이러한 그의 정치교육에 대한 철학은 현재 독일의 공교육에서 잘 실천되고 있다.

2020년 초, JTBC 〈차이나는 클라스〉에서 독일의 초등학생들이 길거리에 나와 피켓을 들고 시위하는 사진을 보았다. 독일의 학생들이 '스마트폰이랑 놀지 말고 저희들이랑 놀아 주세요!', '자본주의냐 삶이냐' 등의 메시지를 담은 피켓을 들고서 시위하는 장면이었다.

---

2. 김누리(2020), 『우리의 불행은 당연하지 않습니다: 대한민국의 불편한 진실을 직시하다』, 해냄.
3. 김누리(2017), 「아도르노의 교육 담론」, 『독일언어문학』, (78), 279-307.

JTBC 〈차이나는 클라스〉 147회
(2020. 3. 4.)

이 모습은 교사인 나에게 적잖은 충격으로 다가왔고 많은 것을 생각하게 되었다. 교실과 책상이라는 학습의 공간에서 지식을 습득하고 발견하는 것에서 벗어나, 사회 현상을 비판적인 시각으로 바라보고 사회를 향해 당당하게 목소리를 낼 수 있는 학생, 나는 어떻게 그런 학생을 길러 낼 수 있을까? 현실에서 드러나는 차별과 소외, 불공정한 현상들을 어떻게 교육을 통해 학생들이 성찰하고 비판하게 할까?

민주시민교육은 정치교육과 사회참여 교육을 포함한다. 그러므로 학교의 민주시민교육은 생활 속 다양한 문제 해결 경험을 제공하는 교육에서 시작하여 그 생활의 무대를 점차 확장할 필요가 있다.

아도르노 등의 비판철학자들이 강조하는 교육에서 가르쳐야 할 '저항'은 '인류를 향한 관심, 즉 인류애에 기반하는 저항'이라고 생각한다. 그런 의미에서 민주시민교육의 내용과 영역은 일상의 생활 중심에서 출발하고 학년이 올라갈수록 확장하여 지역사회, 우리나라, 전 세계의 문제로 접근해야 한다.

경쟁과 공정에 관한 갑론을박

2020년 의사 파업은 의대 정원을 증원하고 공공의대를 설립하려는 국가 정책 추진에 반발하여 일어났다.

여의도 공원 인근에 모인 전공의들
(2020. 8. 7. 머니투데이)

2020년에는 코로나19로 전 국민이 바이러스와 혈투를 벌이고 있었다. 어느 때보다 의사, 간호사와 같은 의료 인력의 헌신이 절실했다. 그러므로 당시 우리 국민들은 의사들이 무엇을 요구하는지 어떤 정책이 국민에게 더 이로운지에 관심을 보일 정신적인 여유가 없었다. 다수의 국민들은 의사들이 거리로 나왔다는 것이 어이없고 황당할 따름이었다.

코로나19가 전국을 덮치고 의료 인력과 병상이 부족해서 제때 치료받을 수 없었던 환자에 대한 보도를 누구나 접했을 것이다. 의사 파업이 바로 이 시기와 맞물려 있다는 것에 국민들은 당황스러움을 넘어 분노했다. 당시 전공의들이 집단으로 파업에 참여하자 긴급한 환자의 수술 일정이 미뤄지고, 응급 환자가 제때 치료받지 못하는 등의 의료 공백이 발생했다.

그 이후 김누리 교수는 라디오 방송[4]에 출연하여, '코로나19'라는 국가 재난 시기에 의사들이 집단 파업을 벌인 것은 우리나라 교육이 실패했음을 고스란히 보여 준다고 평가했다. 경쟁에서의 승자는 극단적인 개인주의자가 되고, 패자들은 열등감을 느끼고 살아가게 된다는 것이다.

우리는 경쟁을 통해 얻는 것은 합리적이고 공정하다고 생각한다. 경쟁에 이겨 특권을 갖게 되는 것까지 당연한 이치로 여기곤 한다. 그런데 이 경쟁이 정말 정의로운 경쟁인가?

내가 학교에서 배운 평등은 '결과의 평등'이 아니라 '기회의 평등'이 진정한 평등이었다. 결과까지 평등하다면 사람들은 노력하려 하지 않을 것이며, 반면에 모두에게 기회만 공정하게 주어지면 결과는 자신의 노력 과정에 따라 달라지는 것이라고 배웠다. 그래서 학창 시절의 나는 가난한 사람들은 게으르고 열심히 노력하지 않았기 때문에 가난하다고 생각했었다. 그 후 대학생이 되었을 때도 나는 경쟁을 통한 차별적인 보상이 합리적이라고 생각했다.

---

4. 〈표창원의 뉴스하이킥〉(MBC 라디오, 2020. 10. 9).

하지만 교사가 되어 출발선이 제각각 다른 아이들을 매년 수십 명씩 만나면서 내 관점을 반성하게 되었다. 기회의 평등마저 보장받지 못하는 사람들이 너무나 많다는 현실을 직면한 것이다. 평범한 중산층 가정에서 자란 내가 가난과 두려움, 부끄러움, 절망감으로 가득한 가정에서 자라고 있는 아이들을 마주하면서 평등, 공정, 그리고 정의라는 그럴듯한 개념이 진정한 의미가 있는지를 고민하게 된 것이다.

『정의란 무엇인가』의 저자이자 세계적인 학자 마이클 샌델은 최근 저서『공정하다는 착각』에서 제목 그대로 공정을 인식하는 우리의 생각의 틀을 깨고 있다. 상위 1%의 부유한 가정 출신이라면 아이비리그 대학에 진학할 가능성이 하위 20%의 가난한 가정 출신보다 77배나 높다고 한다. 아래 신문 기사의 제목에서 알 수 있듯이 우리나라도 미국과 크게 다르지 않다.

(2020. 10. 12. 한겨레)

여러 자료를 찾지 않더라도 경험을 통해 우리는 출발부터 불공정하고 불평등하다는 현실을 받아들일 수밖에 없다. 그런데도 우리는 대부분 지금까지 능력주의, 즉 메리토크라시[5]를 당연하고 상식적으로 받아들여 왔다. 열심히 공부해서 좋은 대학에 들어간 사람은 고소득을 보장받는 사회가 공정하다고 착각한 것이다. 어느 가정에서 태어날지, 어떤 문화 속에서 자랄지, 어떤 교육을 받을지는 전혀 고려하지 못했다. 실질적으로 기회의 평등을 보장받지 못하는 셈이다. 마이클 샌델은 책에서 다음과 같이 말한다.

> "능력주의에서 중요한 건 '모두가 성공의 사다리를 오를 평등한 기회를 가져야 한다'는 것이다. 그 사다리의 단과 단이 얼마나 떨어져 있는지는 문제가 안 된다. 능력주의의 이상은 불평등을 치유하려 하지 않는다. 불평등을 정당화하려 한다."[6]

사회학자 오찬호는 저서 『우리는 차별에 찬성합니다』에서 다음과 같이 언급하였다.

> "인류가 여성에게 참정권을 부여하고 어린이를 교육의 대상으로 바라보고 장애인의 권리를 인정하고 인종차별을 부당하게 여겨 철폐하고 이런 변화는 기존의 사회가 문제 많다

---

5. 영국의 사회학자 M. 영이 그의 저서 『The Rise of the Meritocracy』(1958)에서 제시한 용어로 출신이나 가문 등이 아닌 능력이나 실적, 즉 메리트(merit)에 따라서 지위나 보수가 결정되는 사회체제를 의미한다(인터넷 두산백과).
6. 마이클 샌델(2020), 『공정하다는 착각: 능력주의는 모두에게 같은 기회를 제공하는가』, 와이즈베리, 199쪽.

는 걸 직시한 개인들의 노력에서 시작된 일 아니면 무엇이겠는가? 다만 그것이 왜 문제인지, 또 문제라면 이를 어떻게 접근해야 하는지를 모를 때 사람들은 일반적으로 원래의 것이 옳은 듯 착각할 뿐이다. 그러나 착각이 깨지면 그 사회는 절로 좋은 쪽으로 구성원들을 이동시킨다. 사회는 그렇게 '개인들'로 인해 변하는 것이다."[7]

공정하다는 착각, 당연하다는 착각, 원래의 것이 옳다는 착각에서 벗어날 수 있는 사람, 그리고 스스로 그 착각을 깰 수 있는 사람이 앞으로의 민주 사회를 이끌 민주시민이 아닐까? 진정한 평등은 우리 지구에 존재하는 모든 인간이 그 '존엄성'을 동등하게 부여받고 '인간다운 삶'을 영위할 수 있을 때 이루어질 것이다. 그 진정한 평등을 위해 우리는 모두 '민주시민'이 되어야 한다. 그리고 민주시민교육은 어른인 우리가, 부모 또는 교사인 우리가 '민주시민'이 되기 위해 노력하는 것에서 시작해야 한다.

---

7. 오찬호(2014), 『우리는 차별에 찬성합니다』, 개마고원. 19쪽.

4.
민주시민교육의
학교급별 핵심 역량은 무엇인가?

사실 민주시민교육의 학교급별 핵심 역량을 구분하는 것은 매우 조심스럽다. 그 이유는 첫째, 불확실성이 날로 증가하는 미래 사회의 변화에 대응하기 위해서는 특정 역량만을 함양하는 교육이 아니라 여러 역량을 균형 있게 함양할 수 있는 교육이 필요하다는 점이다. 둘째, 민주시민교육을 학교급별 핵심 역량을 중심으로 묶어 버리면 민주시민성을 종합적으로 기른다는 취지가 왜곡되어 교실에 전달될 우려가 있다는 점이다. 마지막으로는 획일화된 핵심 역량 설정은 국가 정책, 지역 환경, 학교의 교육과정, 교사의 수준, 학생의 개인 특성 등 여러 요인에 따라 달라질 수 있는 여지를 봉쇄해 버릴 수 있다는 점이다. 이렇듯 민주시민교육의 핵심 역량을 학교급별로 구분하는 것은 다소 위험할 수 있다.

그럼에도 불구하고 학교급별 민주시민성을 강조하여 보여 줄 수 있는 핵심 역량을 중심으로 이야기를 풀어 나가는 것이 독자 입장에서 더욱 필요할 수 있겠다는 공감대가 있었다. 그렇기에 여기서 이야기하는 학교급별 민주시민교육의 핵심 역량은 단정적이거나 선언적인 의미가 아니라는 점을 다시 한번 기억해 주길 바란다.

먼저, 한국교육과정평가원[2021]의 '학교 수준 민주시민교육 활성화를 위한 교육과정 개선 방안 연구 자료'에 있는 민주시민성 6대 지표와 구성 역량을 기준으로 학교급별 민주시민교육의 핵심 역량에 대한 이야기를 시작해 보자.

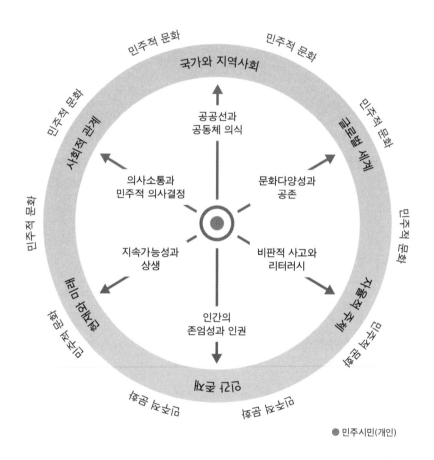

대분류지표 (영역)	중분류지표 (영역)	세부 항목 (예시)
공공선과 공동체 의식	민주주의 기본 원리에 대한 신념	민주주의 기본 원리에 대한 신념
	소속감과 정체성	소속 집단에의 권리, 의무, 책임감 등
	연대와 실천	격려, 평화적 갈등 해결, 공익 결정에의 적극적 참여, 사회 변화와 개선을 위한 실천과 행동 등
인간의 존엄성과 인권	인권 존중	인간으로서의 기본 권리, 타인의 권리와 존엄성 인정, 상호 존중 등
	자유와 평등에의 의지	다양한 자유권에 대한 이해와 실천, 평등 보장에 대한 인식 등
	자존감	자아 존중, 자신의 능력에 대한 긍정적 믿음 등
문화 다양성과 공존	문화다양성과 공존	글로벌 세계의 다양한 관습과 종교에 대한 관용, 타 문화에 대한 적응과 수용 등
	문화 간 대화와 이해	문화에 따른 관점과 가치관의 차이에 대한 인정, 상호문화적 이해 등
	문화 교류와 창조성	문화다양성 증진, 새로운 문화의 창출 등
지속 가능성과 상생	정치, 경제, 환경적 측면에서의 상호의존성 인식	경제적 상호의존, 정치적 협력, 인간과 환경의 공생 등
	환경 보호와 녹색 소비에의 감수성	친환경적 소비생활, 저탄소 녹색 성장 견지, 사회적 자원의 공평한 배분 등
	미래 세대에 대한 책임감	감정 이입, 맥락과 함의 파악, 타인의 정서 표현(표정, 제스처 등) 이해 등
의사소통과 민주적 의사결정	공감과 경청	감정 이입, 맥락과 함의 파악, 타인의 정서 표현(표정, 제스처 등) 이해 등
	사회언어학적 소통	사회적 맥락에 적절한 의사 표현, 상대의 언어와 표현에 대한 정확한 이해 등
	민주적 절차와 심의에 의한 의사 결정	토론에 기초한 심의, 다수결의 원리 존중, 소수자 의견 보호 등
비판적 사고와 리터러시	메타 인지와 성찰적 사고	자신의 입장에 대한 자각, 자아 표현과 지식의 한계에 대한 자각과 조절 등
	분석적 사고와 합리적 판단	논리의 파악, 유사점과 차이점 분석, 전제와 논리와 결론의 일관성 등
	미디어 및 디지털 리터러시	미디어 및 디지털 콘텐츠의 생산 과정 이해, 사실과 주장의 분별, 디지털 기술의 활용성과 윤리적 제한의 이해 등

앞의 분류표를 기준으로 학교급별 교사들이 교실에서 가장 많이 경험할 수 있는 수업이 무엇인지를 우선 고려하여, 교사 개인이 각자 이야기를 나누고 싶은 민주시민교육의 핵심 역량을 중심으로 재구성해 보았다. 또한 핵심 역량을 보여 줄 수 있는 핵심 키워드를 제시하여 이해하기 쉽도록 했다.

학교급	영역	핵심 역량	핵심 키워드
유치원	공공선과 공동체 의식	소속감과 정체성	나와 안전
	인간의 존엄성과 인권	자존감	자기표현과 공동체
초등학교	지속가능성과 상생	환경 보호와 녹색 소비에의 감수성	생태
	문화다양성과 공존	문화 간 대화와 이해	평화
중학교	인간의 존엄성과 인권	인권 존중	인권
	비판적 사고와 리터러시	미디어 및 디지털 리터러시	디지털시민
고등학교	공공선과 공동체 의식	민주주의 기본 원리에 대한 신념	사회 참여
		연대와 실천	

유치원에서는 자신의 존재를 올바르게 인식하고 자존감을 키우는 데 중점을 두어 '자기표현과 공동체'라는 키워드를 설정했다. 또한 학교폭력 문제가 갈수록 저연령에서 발생하는 추세를 고려하여 '나와 안전'이라는 키워드도 추가했다.

초등학교에서는 기본 생활 습관이 정립되는 시기인 만큼 지속가능한 생태에 대한 인식 제고와 다양한 문화를 포용할 수 있는 문화 이해력을 키우는 데 중점을 두었다. 그래서 '생태'와 '평화'라는 핵심 키워드를 설정했다.

중학교에서는 성인으로 가는 길목에 들어서는 만큼 자신의 권리에 대한 올바른 이해를 도모하고, 상대방의 인권을 존중할 줄 아는 데 중점을 두어 '인권'이라는 키워드를 설정했다. 또한 SNS, 가상현실 등 급격한 디지털화에 따른 올바른 시민성 함양을 위한 '디지털 시민'이라는 키워드도 추가했다.

고등학교에서는 연대의식을 바탕으로 자신이 맞닥뜨리는 사회문제를 발견하고 해결하는 참여 경험을 중요하게 고려하여 '사회참여'라는 핵심 키워드를 설정했다.

이렇게 설정한 학교급별 민주시민교육 핵심 키워드를 중심으로 교실 속 민주시민교육의 이야기를 함께 나누고자 한다.

2장

나와 안전,
소중한 나를 지켜요

아이들이 유치원에 다닐 무렵부터 지니게 되는 자신에 대한 믿음은 그것이 긍정적이든 부정적이든 평생에 걸쳐 영향을 미친다. 우리는 이를 '평생믿음(Life Sentences)'이라고 부른다.
_칙 무어만·낸시 웨버, 『지혜로운 교사는 어떻게 말하는가』에서

선생님이 볼 때만
안전하게 행동하는
7살 민주

여는 이야기

조희정

저는 요즘 우리 반 아이들이 자신의 안전을 위해서가 아니라 선생님에게 잘 보이기 위해 행동하는 것 같아 고민이 돼요. 혹시 아이들의 이런 행동이 저의 잘못된 대화법 때문이 아닐까 하는 생각도 들어요.

"선생님은 너희들과 한 약속을 지키려고 노력하는데 너희들은 왜 약속 안 지켜 줘? 너무 속상하다…."

"이렇게 행동해서 너희가 다칠까 봐 선생님은 너무 걱정돼." 이런 식으로 저의 감정에 초점을 두고 이야기했던 게 자기 자신을 위한 것이 아닌 교사를 위한 행동을 하게 한 건 아닐까 싶어요.

박주현

조 선생님의 대화법을 나-전달법이라고 해요. 나-전달법은 '나'를 주어로 이야기하면서 상대방이 기분 나쁘지 않게 말함과 동시에 듣는 사람이 상대방의 기분을 공감하고 자신의 행동을 스스로 변화시킬 수 있도록 유도하는 방법이에요. 아이들이 선생님이 보지 않을 땐 장난을 치다가 선생님이 보면 스스로 자신의 자리를 정리 정돈한다는 것은 어떻게 보면 내가 이렇게 행동했을 때 선생님이 어떻게 생각할지에 대해 생각하고 한 행동이잖아요. 그런데 선생님께서 "안 돼! 장난치지 마!"라는 명령조로 훈계하는 대화법을 사용했다면 교사의 생각을 주입하는 것이 되겠죠. 그때야말로 아이들이 정말 선생님의 눈치를 보며 행동하지 않을까요?

조희정

유아기가 자신의 행동이 옳고 그른 것인지를 상과 벌로 판단하는 시기라는 것은 알지만, "안 돼! 하지 마! 혼난다!"처럼 훈계하는 말보다는 선생님이 지금 느끼는 감정과 함께 왜 안 되는지 이유를 아이가 이해할 수 있도록 설명해 주려고 해요. 그런데 교실의 모든 상황에서 사용하는 게 맞는지 의문스럽기도 해요.

오연희

저는 나-전달법을 쓰면 안 되는 상황도 있다고 생각해요. 아이들을 돌보거나 가르칠 때 내 감정을 배제해야 효과적인 상황들이 있잖아요. 예를 들어 계단에서 10칸 넘게 한 번에 뛰는 것은 객관적으로 누가 봐도 위험한 행동이기 때문에 "이건 위험한 행동이야!"라고 명확하게 말해야 하는 거죠. 하지만 "네가 이렇게 위험한 행동을 하니까 걱정된다."라고 말하면서 교사의 감정을 드러내며 자주 이야기한다면, 교사의 감정에 아이가 눈치를 보는 부작용이 일어날 수 있다고 생각해요. 나-전달법의 잘못된 사용은 아이들에게 교사의 감정을 일방적으로 공감해 달라는 심리적 압박을 느끼게 할 것 같아요.

조희정

오 선생님 말씀처럼 감정이 우선되는 공감 대화가 필요한 상황과 단호하고 정확하게 말해야 하는 상황을 분리해서 생각할 수 있겠네요. 그 상황의 경계로 아이들의 안전과 직결되는 약속이나 규칙은 감정 섞인 말보다는 그 행동 자체에 대한 설명을 단호한 훈육 어투로 하는 것이 좋겠어요. 하지만 친구들끼리의 갈등을 조율하는 문제나 친구에게 자신의 감정을 전해야 할 때는 나-전달법을 사용하는 것도 필요하겠다는 생각이 들어요.

박주현

저는 아이들의 안전과 직결된 상황에선 조금은 단호하게 이야기하는 것도 좋지만 한 번은 이 행동에 대해 충분히 설명해 줘야 한다고 생각해요. "계단에서 뛰지 마!"라고 말하는 것으로 끝나는 게 아니라 왜 뛰면 안 되는지 이유를 설명해 주고, 반 아이들 모두가 지켜야 하는 안전 규칙이라면 다 같이 모여서 이야기를 하는 거죠. 누가 봐도 위험한 상황이라도 유아기 단계에서는 자기가 무엇을 잘못했는지 모를 때가 있거든요. 자신의 잘못을 인지하지 못한 채 "우리 반 안전 규칙은 이거니깐 지켜야 해!"라고 하는 것은 권위적인 태도로 강요하는 것밖에 안 된다고 생각해요. 이런 대화가 반복되면 아이들은 자신의 안전을 위해서가 아니라 선생님의 권위에 눌려 선생님이 볼 때만 안전하게 행동하는 척하게 될 수도 있고요.

조희정

박 선생님 말씀처럼 단호한 언행을 사용해야 할 때는 그 전에 아이들과 함께 규칙을 정하는 민주적인 과정을 거친 후 규칙에 대해 충분히 인지하고 있다는 전제하에 하는 것이 필요하다는 생각이 드네요. 아이들은 왕성한 호기심에 비해 위험을 인지하는 능력은 부족하죠. 그래서 안전한 생활을 위한 지도가 꼭 필요해요. 단체생활에서 안전하게 행동하는 습관을 기르는 것은 유아기에 꼭 배워야 할 사회의 질서이기 때문에 저도 고민을 많이 해요.

김병국

선생님들의 말씀을 들으니 아이와 대화하는 것은 상황과 맥락에 따라 다르게 표현하는 게 필요하다는 생각이 드네요. 기본적으로 아이들은 선생님에게 잘 보이고 싶고 인정받고 싶은 욕구가 있어요. 그러다 보니 교사의 말 한마디, 행동 하나가 알게 모르게 아이들에게 정서적인 강요를 하고 있는지도 모르죠. 특히 유치원에서 이러한 현상이 더욱 쉽고 강하게 이루어질 수 있을 것 같아요. 사실 교사와 학생이라는 사이에 형성되는 관계 자체가 압박을 느낄 수밖에 없는 구조라는 생각도 드네요.

조희정

교사의 감정을 일방적으로 공감하도록 하는 것이나 약속을 지키도록 명령하고 훈계하는 것, 모두 아이들에겐 심리적 압박을 느끼는 상황이 될 수 있을 거예요. 이런 측면에서 교사인 우리는 나의 감정을 아이들에게 표현할 때 그 상황과 맥락을 고려하여 적절하게 표현해야 하지 않을까 하는 생각이 들어요.

1.
어른들의 언어, 아이들은 어떻게 이해할까?

다양한 범죄에 대해 각 분야의 전문가들이 대화를 나누는 프로그램인 〈알쓸범잡〉[8]에 오은영 박사가 출현해 아동학대 이야기를 하며 최근 이슈가 되고 있는 '가스라이팅'에 대해 언급했다. 심리적 학대의 한 종류인 가스라이팅[9]은 가정, 학교, 연인 등 주로 밀접하거나 친밀한 관계에서 이루어지는 경우가 많은데, 보통 수평적인 관계보다 비대칭적 권력으로 누군가를 통제하고 억압하려 할 때 이뤄지게 된다.

그렇다면 학생 A와 B 중 어느 쪽이 가스라이팅을 받은 아이일까요?

학교에서 풀이 죽어 있는 아이에게 선생님이 "너 왜 오늘 풀이 죽어 있니?"라고 물었다.

> 학생 A: 영어학원에서 시험을 못 봤어요. 엄마가 알면 얼마나 속상하실까 마음이 안 좋아요.
> 학생 B: 시험을 못 봐서 아빠한테 혼날까 봐 걱정돼요.

---

8. tvN, 〈알아두면 쓸데없는 신비한 잡학사전〉-범죄심화 편(2021), EP.10.
9. 타인의 심리나 상황을 교묘하게 조작해 그 사람이 스스로 의심하게 만듦으로써 타인에 대한 지배력을 강화하는 행위로, 〈가스등〉이란 연극에서 유래한 용어(네이버 지식백과).

오은영 박사는 학생 A가 엄마의 마음을 공감하고, 흔히 말하는 철이 든 아이 같지만 오히려 나 자신을 걱정하는 B가 더 바람직하다고 말한다. 특히, 평소 아이와의 대화에서 주체를 누구로 두고 이야기하느냐가 굉장히 중요하며 자신보다 엄마의 마음을 중요시하는 A가 공감 능력이 높을 수는 있지만 세심하게 살펴볼 필요가 있다고 덧붙였다.

앞서 여는 이야기에서도 언급했듯이, 교사와 학생은 수평적인 관계라기보다는 권력을 행사하는 쪽이 있는 비대칭적인 관계일 가능성이 높다. 평등하지 못한 관계에서는 상대가 원하는 대로 행동하지 못하면 죄책감을 느끼고, 권력을 행사하는 사람에게 의존하도록 만들게 된다. 이것은 우리가 바라는 '주체적인 시민'으로 성장하는 것과는 거리가 있다.

우리는 평소 교사의 뜻대로 행동하도록 아이들을 간섭하고 통제하고 있지 않았는가를 되돌아보고, 아이들이 교사의 판단에만 의존해 자신의 행동이 옳고 그른지를 결정하지는 않는지, 행동의 주체가 누구에게 있는지를 살펴보아야 한다.

정서학대에 노출된 아이들

보건복지부에서 매년 발표하는 아동학대 주요 통계 자료에 의하면 아동학대는 매년 증가하는 추세다. 아동학대의 대부분이 가정에서 발생하지만 최근 어린이집과 유치원 등에서 발생하는 아동학대 문제가 언론에 보도되면서 사회적 관심이 높아지고 있다. 실제로 〈전국 아동학대 현황 보고서〉에서도 교육환경에서의 아동학대가 지속적으로 증가하고 있음이 밝혀졌다. 〈2018 전국 아동학대 현황 보고서〉에 따르면, 아동학대 의심 사례로 신고·접수된 건수는 총 3만 3,532건이며 이 중 중복 학대를 별도로 분류할 경우 정서학대 5,862건(23.8%), 신체학대 3,436건(14.0%), 방임 2,604건(10.6%), 성학대 910건(3.7%)이고, 정서학대를 포함하는 중복 학대는 1만 1,473건(46.6%)으로 정서학대가 차지하는 비율이 전체 사건의 절반에 이른다.

신체학대는 '도구, 신체 등을 이용하여 학생의 신체에 고통을 가하는 방법을 사용해서는 아니 된다'라고 「초·중등교육법」에 명시되어 있다. 반면 정서학대는 신체학대와 달리 눈에 보이지 않고 구체적인 행위나 빈도가 제시되어 있지 않아 그 기준이 모호하고 불분명하다. 이러한 특성 때문에 정서학대의 부정적인 영향이 장기적이고 치명적이지만 다른 학대 유형에 비해 심각성에 대한 인식이 부족한 것이 현실이다.

유치원에서 아이들과 가장 가까이 지내며 많은 영향력을 행사하는 교사는 정서학대에 더욱 민감하게 반응할 필요가 있다. 평소 자신의 행동을 되돌아보고, 의도하지 않았을지라도 미처 깨닫지 못한 곳에서 아이들에게 나도 모르게 하고 있을지 모를 정서학대에 더욱 주의를 기울여야 한다.

선생님이 내 그림은 버리라고 했잖아요

하루는 게시판에 걸려 있는 아이들의 그림을 정리하는데 민주의 그림이 보이지 않았다.

"어? 왜 민주 그림은 없지?"

"선생님이 버리라고 해서 버렸는데요."

민주는 아무렇지 않게 대답했고, 나는 당황했다.

"선생님이? 그랬을 리가 없는데…."

나는 아이가 그린 그림을 게시하지 않고 바로 버리라고 말하지 않았을 거란 확신이 있었기에 의아하게 민주를 바라봤다. 민주는 조금 고민하다가 대답했다.

"사실 그냥 버렸어요. 내 그림은 별로 안 예쁘잖아요. 그래서 선생님이 버리라는 건 줄 알았어요."

민주는 왜 자신의 그림은 버려야 하는 것으로 생각하게 되었을까? 나는 그날 저녁 민주가 왜 그런 생각을 하게 되었는지에 대해 고민해 보았다.

아이들은 자유놀이 시간에 자주 그림을 그린다. 그중 솜씨가 좋다고 생각한 작품은 모두가 볼 수 있도록 전시했다. 이렇게 교실에 작품을 전시하는 것은 '우리 반, 우리 아이들 솜씨가 이렇게 뛰어나요!'라고 자랑하고 싶은 마음이었다. 하지만 나도 모르게 내가 잘 그렸다고 평가한 그림은 잘 보이는 곳에, 그렇지 못한 그림은 아래쪽 또는 구석에 전시했다. 민주는 이러한 나의 태도에 자신의 그림이 가치가 없다고 생각했고, 쓰레기통에 버려 버린 것일 수 있다. 민주에게 내가 직접적으로 "네 그림은 별로니깐 버려!"라고 말만 안 했을 뿐이다.

민주의 입장에서 생각해 보면 자신의 그림과 칭찬받은 친구의 그림을 비교하며 '내 그림은 못한 거구나'라고 생각할 수 있다. 그동안 내가 그림을 잘 그리는 아이에게 했던 공개적인 칭찬과 작품을 대하는 태도 하나하나가 나도 모르게 교실 속에 차별과 서열을 만들고 아이들의 자존감을 떨어뜨리고 있었는지 모른다.

미국의 사회학자 앨버트 메르비안[2007]에 의하면 인간의 의사소통은

몸짓과 태도 등과 같이 시각적으로 보이는 행동이 55%, 음성이나 어투 등의 청각적 요소가 38%를 차지하고 있으며, 말의 내용은 7% 정도에 그친다고 한다. 교사가 한 말의 내용보다 태도와 표정, 목소리 등을 통해 아이와 의사소통을 하고 있는 것이다. 내가 직접적인 말로 아이에게 표현하지 않아도 아이들은 평소 나의 태도와 표정, 목소리로도 내 생각을 읽고 있다는 것을 잊지 말아야 한다.

칭찬 속에 숨은 의도

공개적인 칭찬에는 사실 "이렇게 하는 것이 잘하는 거야. 너희들도 이렇게 하도록 해."라는 교사의 숨은 의도가 들어 있다. 이야기 나누기 시간에 바르게 앉은 아이에게 "우와~ 우리 민주가 바르게 잘 앉아 있네!"라며 큰 목소리로 칭찬하는 것은 사실 바르게 앉은 민주를 칭찬한다기보다는 민주를 통해서 바르게 앉지 않은 아이들에게 간접적으로 경고한 것이다.

칭찬은 분명 좋은 의도로 하는 것이지만 무분별한 칭찬은 아이가 교사에게 의존하도록 만드는 언행이 될 수 있다. 교사의 평가가 내포된 칭찬을 많이 받은 아이는 칭찬에 의존성이 강해진다. 칭찬을 받지 않으면 불안하고 자신의 행동에 대한 다른 사람의 피드백을 계속 확인하려고 할 수 있다.

'칭찬은 고래도 춤추게 한다'

그런데 교사의 칭찬에 일시적으로 춤을 추는 것이 아니라 누군가의 피드백 없이 스스로 춤추게 하려면 교사는 어떻게 하는 것이 좋을까?

아이의 그림을 칭찬하고 싶다면 아이에게 자신이 그린 그림에 대해 어떻게 생각하는지 먼저 물어보는 것이 좋다. 아이는 자신의 그림에 만족하지 않았는데 교사가 잘 그린 그림이라며 섣불리 칭찬한다면 '선생님은 자신에 대해 잘 모르는 사람'이라고 인식할 수 있다. 신뢰할 수 없는 칭찬이 반복된다면 '이제 선생님의 말은 믿을 수 없어'라고 생각하게 될지 모른다.

아이가 무슨 그림을 그리고 있는지, 어떤 의도로 그린 것인지 등을 파악하지 않고 무심결에 했던 칭찬에 한 아이는 "선생님은 이게 잘 그렸대~ 난 이상한데."라며 나의 칭찬을 의심했다. 그 아이는 '선생님은 아무 그림이나 칭찬하는 사람'이라고 생각했을지 모른다. 자신에 대한 평가는 결국 본인이 하는 것이다. 교사는 방향성 없는 칭찬보다는 아이의 행동을 객관적으로 바라보며 격려하고, 지원이 필요하다면 현재 아이의 수준에서 확장해 나갈 수 있는 구체적인 이야기를 통해 성장할 수 있도록 하는 것이 좋다.

나도 모르게 사용하고 있는 차별의 언어

최근에 주식을 시작한 친구에게 책 한 권을 선물 받았다.
'주린이 주식 과외하기.'
'주린이'라는 용어를 처음 들었지만 나는 바로 '주식'과 '어린이'의 합성어임을 알 수 있었다. 요즘 새롭게 시작하는 무언가를 지칭하는 용어로 '~린이'라는 말을 자주 사용한다. 입문자나 초보자라는 용어가 있지만 이 말을 사용하는 것은 어린이를 미성숙하고 서툰 존재라고 생각하는 편견이 있기 때문이다.

몇 년 전 한 사회복지법인에서 '벙어리장갑'에 언어장애인을 비하하는 단어 대신 다른 이름을 붙이자는 캠페인으로 '손모아장갑'이 선정됐다는 기사를 보았다. 우리가 익숙하게 사용해 온 벙어리장갑에는 '벙어리'라는 언어장애인을 낮춰 부르는 단어가 포함되어 있지만, 우리도 모르게 다른 사람에겐 상처가 되는 말을 습관처럼 사용했던 것이다.

유치원에서 사회적 약자[10]에 대한 차별이 들어간 말인 결손가정을 한부모가정, 조손가정으로 부르는 것에는 많이 익숙해졌지만, 아직 교실에선 남자는 다리를 벌리고 앉아도 되고, 여자는 오므려야 한다는 성차별 인식이 들어간 '아빠다리'[11]와 인종차별 인식이 들어간 '살색' 크레파스라는 말을 많이 사용한다.

서울시여성가족재단에서 시민을 대상으로 한 설문조사 결과 어린이가 겪는 성차별이 가장 심한 부분은 교사의 말과 행동(31.4%)인 것으로 나타났다. 뒤를 이어 교육 프로그램(26.1%), 친구들의 말과 행동(21.8%), 교재·교구·교육 내용(19.1%) 순이었다.

교실 이름표에 남자는 파란색, 여자는 분홍색으로 정해서 주는 것은 성별에 따른 색 선호도를 다르게 만들 수 있으며 역할 놀이에서도 여자아이는 토끼, 남자아이는 호랑이를 하게 하는 것도 성차별일 수 있다. 또한 게임 활동에서 남자팀과 여자팀으로 나누는 것은 가장 간단하게 팀을 나누는 방법이지만 그 안에는 성 구분과 경쟁심을 불러올 수 있으니 주의가 필요하다. 교사는 자신의 교실과 아이들의 놀이

---

10. 사회에서 신체적·정치적·경제적·사회적·문화적으로 소외되어 인간다운 삶을 영위하는 데 어려움을 겪는 개인이나 집단을 가리킨다. 일반적으로 저소득층, 장애인, 노인, 어린이, 외국인 노동자 등을 사회적 약자로 본다(네이버 지식백과).
11. 한쪽 다리를 오그리고 다른 쪽 다리를 그 위에 포개고 앉는 자세(고려대 한국어대사전), 앉았을 때 다리 모양을 본떠 '나비다리'로 순화하는 것이 좋다.

모습을 돌아보며 성별과 관계없이 성격과 기질에 맞는 놀이를 할 수 있도록 지원해야 한다.

만화 속 주인공처럼 엘사[12] 드레스를 입고 온 여자아이에게 "우리 민주 공주님이네~ 정말 예쁘다!"라고 하면 다음 날 여자아이들은 활동하기 불편함에도 불구하고 공주풍 드레스를 입고 등원한다. 이처럼 아이들은 교사의 한마디에 여자다움을 학습하고, 성역할 고정관념을 가지게 될 수 있다. 여자아이에게 "공주야~"라고 부르는 것은 사랑스러운 아이라는 표현으로 사용할 수 있지만 '공주'라는 말에 들어 있는 사회적 의미가 있으니 되도록 사용하지 않는 것이 좋다.

미용실에서 머리를 하고 온 아이에게 칭찬하고 싶다면 "스포츠머리가 남자답고 멋져!", "우와~ 오늘 예쁘다."라는 외적인 평가가 섞인 말보다 "어제 미용실 갔다 왔구나. 머리가 너랑 잘 어울리는 거 같아."라고 하는 게 어떨까? 이러한 교사의 노력은 성인지감수성[13]을 가진 아이로 성장해 '남자답고 멋지게, 여자답고 예쁘게'가 아닌 '나는 나답게!'로 주체적인 삶을 살게 하고, 일상생활 속에서 누군가를 비하하거나 상처 주는 말을 하지 않는 언어감수성[14]을 가진 아이가 될 것이다. 이는 우리가 말하는 '민주시민'의 역량 중 사회적 공감 능력과 비판적 사고력을 기르는 일이라고 생각한다.

아이들에게 성차별 없는 직업의식에 대한 교육을 하면서도 직업의 잘못된 호칭인 경찰 아저씨, 식당 아주머니, 여의사라는 말이 자연스럽게 나오는 경우가 많다. 습관은 의식하지 않으면 고쳐지지 않는다.

---

12. 디즈니 애니메이션 영화 〈겨울왕국〉(2014)의 주인공.
13. 성별 간의 불균형에 대한 이해와 지식을 갖춰 일상생활 속에서의 성차별적 요소를 감지해 내는 민감성(네이버 지식백과).
14. 성인지감수성과 비슷한 맥락으로 우리가 일상적으로 사용하는 언어에서 차별적 요소를 감지해 내는 민감성을 의미한다.

'너무 예민한 거 아닌가?'라고 생각하기보다는 교사는 아이들에게 행동과 말투까지도 모델링되는 존재임을 기억해야 할 것이다. 또한 그동안 의식하지 못했던 편견이 들어간 표현들을 되돌아보자. 20대 초반은 모두 대학을 다닐 것이라는 편견으로 "어디 대학교 다녀? 몇 학번이야?"라고 물어보는 것, 50대는 결혼을 했고 자녀가 있을 것이라는 편견으로 "자녀는 몇 살이에요? 결혼은 했어요?" 등의 말이 상대에겐 상처가 될 수 있듯이 자신의 사고방식과 기준에 따라 대화하지 않는 연습이 필요하다. 이처럼 교사도 아이들과 함께 '민주시민'으로 성장해 가는 것이다.

2.
우리 반은 학교폭력 없는 안전한 교실인가?

    '유치원 아이들이 무슨 학교폭력이야?'라고 생각할 수 있지만 7세 교실에서도 권력 행사 및 서열 형성 등 학교폭력의 초기 징후가 충분히 일어나고 있으며, 많은 선생님들이 유아 간 따돌림 문제로 고민하고 있다.

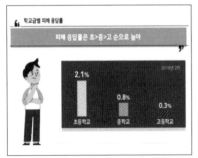 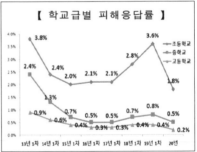

2019년 학교폭력 실태조사 결과

    제4차 학교폭력 예방 및 대책 기본계획[2020]에 의하면 학교폭력 피해 경험 연령이 점차 낮아지고 있으며, 언어폭력·사이버폭력 등 정서적 폭력이 부각되는 추세에 대한 대책이 필요하다고 하였다. 학교폭력 실태조사[15] 결과를 살펴보면 학교폭력 피해 응답률은 초등학교가 3.6%,

중학교가 0.8%, 고등학교가 0.4%이다. 초등학생의 학교폭력 피해 응답률이 중·고등학교 학생 피해 응답률에 비해 상대적으로 높아지고 있다. 더 이상 학교폭력은 청소년기에만 겪는 일이 아닌 것이다.

2015년 2월 교육 분야 안전 종합 대책의 일환으로 발표된 학교안전교육 7대 표준안[16]에 따라 유치원에서는 의무적으로 안전교육을 실시하고 있으며, 51차시[17] 중 8차시는 폭력 및 신변 안전(학교폭력, 성폭력, 가정폭력, 자살 등)에 대한 내용을 다루도록 권장하고 있다. 유아교사를 대상으로 한 유아교육기관에서 발생하는 학교폭력의 심각성에 대한 설문에서 전체 교사의 68.7%가 '심각하다'고 응답했고, 학교폭력 관련 교육의 필요성에 대해 95.3%가 동의하는 것으로 나타났다. 하지만 유아교사들이 인식하는 유치원 안전교육 표준안에 대한 연구에 따르면 모든 영역에서 중요도와 실행도 간에 차이가 있는 것으로 나타났으며, 유치원 안전교육에 대한 관심은 높으나 실행의 정도는 낮은 것으로 나타났다.

이제 막 사회에 첫발을 내딛는 아이가 학교폭력을 경험한다면 얼마나 큰 상처가 될까? '유아기 경험은 평생 믿음으로 간다'라는 말처럼 우리는 학교폭력에 경각심을 가지고 우리 반은 학교폭력으로부터 안전한 교실인가를 살펴볼 필요가 있다. 학교폭력의 심각성이나 결과가 교사의 관심과 지도에 따라 달라질 수 있다는 생각으로 이를 예방하기 위한 노력이 필요하다.

---

15. 2019년 학교폭력 실태조사 결과이다. 2020년 학교폭력 실태조사 결과(전수조사) 피해 응답률은 초 1.8%, 중 0.5%, 고 0.2%로 감소했지만 이는 코로나19로 인한 등원 일수의 감소에 따른 것으로 본다.
16. 생활안전, 폭력 및 신변안전, 직업안전, 재난안전, 교통안전, 응급처치, 약물 및 사이버중독의 내용을 다루고 있다.
17. 코로나19로 인해 51차시에서 33차시, 유치원은 44차시 감소 운영(2021 학교안전교육 기본계획).

유아의 다툼에 대한 이해

영유아의 안전사고를 예방하기 위해서는 첫째, 사고가 일어날 수 있는 환경 요인을 개선하는 방법과 둘째, 교육을 통해 영유아 스스로 안전에 대한 지식, 태도, 기술을 발달시켜 안전하게 행동하도록 하는 방법으로 나누어 볼 수 있다. 학교폭력을 예방하기 위해 먼저 교사는 유아기 발달 측면에서 왜 다툼이 일어나는지에 대한 이해가 필요하다. 그다음 다툼이 생기는 환경을 줄이기 위한 교실 문화 개선에 힘써야 한다.

다음은 유치원 교실에서 흔하게 볼 수 있는 장면이다.

> 시민이는 인형이 달린 반짝이 머리띠를 하고 등원하였다. 민주는 자신이 좋아하는 시민이가 처음 보는 화려한 머리띠를 하고 등원하자 반가운 마음에 시민이의 머리띠를 만졌다. 하지만 시민이는 자신의 머리를 때렸다고 생각했고, 화를 내며 민주를 밀쳤다. 민주도 똑같이 시민이를 밀쳤고, 결국 선생님의 중재로 둘의 다툼이 멈췄다.

민주와 시민이는 왜 싸운 걸까?

피아제의 인지발달이론에 의하면 민주와 시민이는 '전조작기'에 해당한다. 이는 타인의 생각과 자신의 생각이 같다고 생각하는 자아중심성이 강한 시기라는 것이다. 또한 셀만의 조망수용능력 이론에 의하면 가장 낮은 '수준 0, 미분화된 조망수용' 단계로 민주와 시민이는 친구가 자신과 다른 사고와 감정을 가질 수 있다는 것을 인지하지만 자주 혼동할 수 있는 시기이다. 이러한 발달이론에 근거하여 민주는 시민이를 좋아하지만 시민이가 자신의 행동에 대해 어떻게 생각할지 이해하는 것은 어렵다.

민주는 시민이가 좋아서 한 행동을 시민이도 좋아하리라 생각했을 것이고, 시민이는 자신의 입장에서 머리를 만지는 행동은 자신을 때리는 것으로 생각할 수 있다. 이와 같은 갈등 상황은 유아기 인지발달 측면에서 당연하다. 교사는 교실에서 자주 일어나는 갈등을 모두 없앨 수 없다면 갈등 상황을 기회로 생각하고, 아이들이 긍정적인 방법으로 해결해 보는 경험을 할 수 있도록 지원할 필요가 있다.

눈에 보이는 다툼이 없다고 갈등이 없는 것은 아니다. 사소한 다툼이나 싸움이 없다면 오히려 경계할 필요가 있다. 일방적으로 몇 명의 아이들이 교실을 주도하고 있어 나머지 아이들은 아무런 표현을 하지 못하는 힘의 불균형이 일어난 상태일 수 있기 때문이다.

학교폭력의 성립 조건으로 고의성, 반복성, 힘의 불균형이 있다. 고의성이란 의도적으로 해를 입히거나 괴롭히는 말과 행동을 하는 것을 말하고, 반복성이란 학교폭력이 지속적으로 되풀이되는 것을 말하며, 힘의 불균형이란 힘이 센 학생이 약한 학생을, 상급생이 하급생을, 다수의 학생이 소수의 한두 명 학생을 괴롭히는 것을 의미한다. 유치원에서 일어나는 대부분의 사건은 유아가 친구에게 의도적으로 해를 입히려는 고의성이 없거나, 고의성이 있는 경우라도 교사의 중재가 있다면 일회성으로 끝나는 경우가 많아 학교폭력이 성립하지 않을 때가 많다. 하지만 지속적으로 반복되거나 일회성이라도 그 정도가 심하면 학교폭력으로 볼 수 있다.

그렇다면 교사는 이러한 다툼이 반복되지 않고 힘의 불균형 없이 친구들과의 관계가 안전한 교실을 만들기 위해 어떤 노력을 할 수 있을까?

학교폭력 없는 안전한 교실을 위해

내가 항상 들고 다니는 놀이 일지 첫 페이지에는 다음 문장이 적혀 있다.

'항상 웃고 상냥하게! 아이들 이야기 먼저 듣기!'

언어를 통한 일방적인 지시나 훈육은 유아들의 생활 습관 형성에 도움이 되지 못한다. 좋은 모델링이 유아에게 주어질 때야말로 비로소 유아는 학습을 통해 좋은 습관을 몸에 지니게 된다. 사소하다고 할 수 있지만, 사회적 기술의 모델을 보여 주기 위해 아이를 지목할 때 손가락질하지 않고 손 전체로 가리키며, 훈육할 땐 화내지 않고 차분한 목소리로 자세를 낮춰 아이의 눈을 마주 보고 이야기 나눈다. 또 친구와 다툼이 생겼을 땐 교사가 바로 판단하지 않으며 아이들의 생각을 먼저 듣고 이야기 나눈 후 도움을 주려고 한다. 이러한 교사의 노력은 아이들의 좋은 습관 형성에 도움이 될 뿐만 아니라 교실에서 존중받고 있다고 느끼게 한다. 상처받은 아이는 반드시 자신보다 약자라고 생각하는 친구를 괴롭히며 상처를 되돌려 준다. 이와 반대로 교실에서 존중받은 경험은 나와 친구에 대한 존중으로 나타나며 더 나아가 나와 다른 사람의 감정을 헤아릴 줄 아는 큰 능력을 갖추게 될 것이다.

서로가 존중받는 교실과 함께 힘의 불균형이 없는 교실을 만들기 위해 교실 속 사소한 비교와 경쟁하는 놀이문화를 없애는 노력이 필요하다. 비교와 경쟁은 힘의 불균형의 시작인 권력과 서열을 가져온다. 앞에서 말한 교사의 언어습관과도 관련 있다. 공개적인 칭찬으로 인한 비교에 누군가는 열등감을 느끼고, '다음엔 잘해야지'라는 의욕보단 '나는 별로인가 보다'라는 박탈감을 가질 수 있다. 또한, 교사의 편의를 위해 성 구분과 경쟁심을 불러오는 팀을 구성해서 놀이하진 않았는지 아이들이 좋아한다는 이유로 과도한 경쟁과 폭력, 사행성이 들어간 놀이를 그대로 두진 않았는지 등 교실 속 놀이를 다시 살펴보아야 한다.

교사가 모든 아이를 비교 없이 공평하게 대하는 것, 아이들이 비경쟁적인 놀이문화를 즐기는 것이 힘의 불균형이 없는 교실을 위한 첫걸음이다.

정답은 표현하는 아이로 성장하는 것!

모두가 존중받고 힘의 불균형이 없는 민주적인 문화가 형성된 교실에서는 서로의 이야기에 상처받는 사람이 없다. 하지만 상대방의 말과 행동으로 받은 상처가 있다면 자신을 계속 괴롭히게 놔두지 않도록 표현해야 한다.

앞의 사례에서 시민이가 민주를 때리기 전에 "난 머리 만지는 거 기분 나빠."라고 표현했다면 민주는 자신의 행동에 대해 사과했을 것이고, 서로 싸우며 상처받는 상황은 일어나지 않았을 것이다. 또 민주는 시민이에게 먼저 "머리띠 만져도 돼?"라고 물어봤다면 서로의 행동에 오해하지 않았을 것이다. 결국 자신의 생각을 표현하는 힘을 기르는 것이 필요하다. 하지만 "너도 똑같이 때려!"라며 복수나 보복의 형태로 표현하게 하는 것은 갈등을 키우는 일이며 잘못된 방법으로 갈등을 해결하는 경험을 하는 것이다. 상대방에게 받은 상처는 참는 것도 아니고, 앙갚음하는 것도 아니다. 상대방에게 자신의 감정을 솔직하게 말하며 해결해 가는 것이다. 또한 교사는 내 감정을 표현하는 것과 더불어 상대가 나와 다른 생각을 가질 수 있다는 것을 알고, 상대를 배려한 표현을 할 수 있도록 '나에겐 재밌는 장난이 상대방에겐 상처가 될 수 있다'라는 것과 '때리는 것뿐만 아니라 내가 한 말도 폭력이 될 수 있다'라는 것을 알려 줘야 한다.

　상대방에 대한 존중과 배려를 전제한 의사 표현을 잘하는 아이는 학교폭력에 피해를 받았을 때 자기 생각과 감정을 적극적으로 표현할 줄 알며, 피해 사실을 목격했을 때 동조자, 방관자가 아닌 방어자로서 피해 친구를 도와주고, 가해 행동을 막기 위해 노력하는 아이로 성장하게 될 것이다.

민주의 성장 일기

"엄마! 이것도 폭력이에요!"

오늘 엄마가 "너는 왜 이렇게 엄마 말을 안 듣니? 골고루 먹어야지! 과자만 좋아하니깐 감기도 잘 걸리고, 달리기도 꼴등 하는 거야!"라고 화내셨다.

나는 정말 속상했다. 상처 주는 말도 폭력이 될 수 있다는 선생님 말씀이 떠올랐다.

"엄마! 말로도 사람을 때릴 수 있어요. 지금 엄마 말에 맞아서 아파요."

엄마는 이제부터 마음이 아프지 않은 말을 쓰도록 노력하겠다고 약속해 주셨다.

3장

자기표현과 공동체, 내 생각을 말하고 함께 지내요

아이들은 어른의 장황한 연설이 아니라 그 존재를 통해 배운다.

_칼 융(Carl Jung)

미운 7살?!
거침없이 말하는 민주

여는 이야기

조희정

민주시민이 되기 위한 참여 역량 향상의 시작은 자기표현이라고 생각해요. 저는 우리 아이들이 자기표현을 잘하는 아이가 됐으면 하지만 또 한편으로는 자기표현을 잘하는 만큼 한번 생각하고 말하는 태도를 길러 상대방을 배려하고 존중하는 아이가 됐으면 해요. 그래서 자기표현을 모두 허용하기보단 내 생각을 상대방의 감정과 상황을 고려해 표현할 수 있도록 지도하고 있어요.

김병국

저는 자기 생각과 느낌을 솔직하게 표현하는 아이가 건강한 아이라고 생각해요. 표현하지 않으면 아이 내면의 문제를 발견하기가 힘들기 때문에 표현을 적극적으로 할 수 있도록 유도할 필요가 있다고 생각해요. 물론 그 과정에서 이기적인 면모가 드러나는 경우도 있겠죠. 하지만 아직 자신에 대해 주체적인 판단이나 이해가 부족한 상태에서 교사가 아이의 표현을 성급하게 바꾸려 하면 교사의 생각대로 표현을 유도하게 되고, 그러한 표현 방식으로 굳어져 버릴 수 있어 다소 위험할 수 있겠다는 생각이 들어요.

유치원 아이들은 자기중심적으로 생각하고 표현하는 시기이다 보니 자기 생각을 여과 없이 표현하잖아요. 대부분 '아이들은 순수하니깐 이런 말도 하는 거야'라고 생각하지만, 요즘 미디어에 많이 노출된 아이들을 보면 유튜브나 만화, 드라마에 나오는 말 또는 행동을 잘 따라 하는데 그 표현이 상대방을 놀리거나 나쁜 의도가 들어 있는 것인데도 아이들은 그냥 따라 하는 경우가 많죠. 잘못된 자기표현은 지도하지 않으면 충분히 습관화될 수 있습니다. 그래서 그 전에 유치원에서부터 조금씩이라도 상대방의 감정을 생각하고 말하는 것을 배워야 한다고 생각해요.

박주현

'이 표현은 해도 되고, 이건 안 돼!'라며 자기표현의 허용 여부나 범위를 고민했었는데 아이의 자기표현에 숨은 의도와 내면을 들여다보는 것이 먼저라는 생각이 드네요. 그리고 아이들의 내면 심리와 행동의 원인을 파악하는 것이 교사의 역할이죠. 또 미디어를 통해 알게 된 나쁜 말과 행동을 아이들이 잘못됐다는 것을 인지하지 못하고 재미로만 따라 한다면 우리 반의 나쁜 문화로 자리 잡을 수 있으니 그 전에 적극적인 지도가 필요하겠다는 생각이 들어요.

조희정

아이들에게 청소년 수준, 어른 수준의 사회성을 요구하기에는 조금 무리가 있죠. 앞의 만화 속 민주의 모습처럼 "너랑 놀기 싫어!"라고 말하는 것이 상대방 입장에서 기분 나쁘다는 것을 완벽하게 인지할 수 있는 나이는 아니잖아요. 그런데 교사가 "너 그렇게 말하면 안 돼! 친구가 기분 나쁘잖

오연희

아."라며 바로 차단해 버린다면 자신의 표현에 대한 죄책감이 생길 수 있을 것 같아요. 저는 적극적인 표현은 허용하면서 표현에 대한 절제, 공감, 배려 등을 단계별로 지도해야 한다고 생각해요. 이 과정에서 상대방의 말을 너그러운 마음으로 듣는 연습과 기분이 나쁠 때는 상대방에게 자신의 감정을 솔직하게 표현하는 연습도 함께 하는 게 좋겠어요.

김병국

혹시 반에 친구에게 상처 주는 말을 유난히 과하고 거칠게 하는 아이가 있으면, 이를 통제하기 전에 먼저 그 원인이 무엇인지를 면밀히 파악해야 합니다. 아이에게 심리적인 문제가 있는 것은 아닌지, 발달적으로 문제가 있는 것은 아닌지 등 원인 파악이 먼저이죠. 아이의 거친 표현의 원인을 먼저 파악하는 것이 문제 해결의 실마리를 찾는 첫걸음이자, 아이를 온전히 이해할 수 있는 기회가 될 거라 생각해요.

박주현

그동안 교사는 잘못된 방식으로 자기표현을 하는 아이를 문제라고 여기고 통제하려고만 했던 게 아닌가 싶어요. 아이의 자기표현이 알고 보면 교사에게 보낸 신호가 아닐까요. 또 아이의 개인 성향을 고려하지 못하고 적극적인 자기표현이 수업에 방해가 된다며 통제하려고 했던 거라는 생각도 듭니다.

조희정

사실 아이들의 자기표현을 통제하려고 했던 건 교사의 불편함 때문이 아닌가 싶어요. 교사의 말에 아이들이 의견 없이 따라 주길 바라는 거죠. 2019 개정 누리과정에선 유아가 중심이 되고 놀이가 살아나는 교육 혁신을 강조하는데, 교사는 수월한 학급 운영과 계획한 활동 진행의 편의를 위해 아이들의 표현을 막으려고 했다는 생각이 듭니다. 교실에서 적극적인 자기표현보단 교사의 말에 수용적인 태도로 지내 주길 바랐던 저의 이기적인 마음을 반성하게 되네요.

1.
자기표현을 잘하는 아이가 불편한 교사

"유치원 싫어! 친구들 싫어!"

만약 아이가 이렇게 말한다면 어떤 생각이 들까?

교사라면 아이의 이런 표현에 속상할 것이고, 반에 유치원이 싫다는 아이가 있다는 사실에 자신의 무능함을 탓할 수도 있다. 나 또한 유치원과 친구들이 싫다는 아이의 말에 불편함을 느끼고, 이 아이가 유치원에서 친구들과 노는 것이 즐겁다고 느낄 수 있는 다양한 활동을 계획했을 것이다. 우리 유치원에 컨설팅하러 오신 수석교사는 교사의 이런 생각과 행동을 '교사 DNA'가 발동한 것이라며, 아이들은 자신이 강조하고 싶은 걸 표현하는 특별한 방식인 '유아 문법'이 있다고 하셨다.

"유치원 싫어! 친구들 싫어!"라고 말한 아이가 정말로 하고 싶었던 말은 "선생님, 저는 친구들보다 엄마, 아빠가 좋아요. 그리고 친구들이 있는 유치원보단 엄마, 아빠가 있는 집이 좋아요."일 것이다.

교사는 아이의 표현 속에 숨은 마음을 먼저 알아채는 것이 중요하다. 그리고 이 아이에게 당장 필요한 것은 친구들과 즐겁게 놀이하는 경험이 아니라 지금 엄마, 아빠가 너무 보고 싶다는 마음을 교사가 이해하고 공감해 주는 것일지 모른다.

'유아 문법'이 들어간 자기표현에 교사는 당황할 때가 많다. 사실 유치원에서 있었던 일을 부모에게 앞뒤 상황 없이 자신이 강조하고 싶은 것만 전달할까 봐 걱정되기도 한다.

코로나19로 등원이 계속 미뤄지던 중 긴급 돌봄 운영으로 맞벌이 가정 아이들이 처음 등원한 날이었다. 아침 일찍 등원한 민주는 오전 내내 교사 옆에만 있고 싶어 했고, 친구들과 함께 놀이하지 못했다. 점심시간에는 급식실에 들어가기를 거부했고, 여러 번 설득했지만 결국 친구들과 함께 급식실에 들어가지 못했다. 교사는 밥은 먹고 싶지 않지만, 과일은 먹을 수 있겠다는 민주에게 식판에 과일을 담아 주었고, 친구들과 떨어져 급식실 끝에 앉아 교사와 함께 먹었다.

다음 날 아침 민주의 어머니가 교실로 찾아오셨다.

"민주가 어제 점심을 못 먹었다는데 무슨 일일까요? 선생님이 점심을 안 줘서 못 먹었다고 이야기해서 당황했어요."

정중하게 말씀하시는 어머니에게 나는 어제 민주와 있었던 일을 자세히 설명해 드렸다.

'오늘 유치원에서의 하루는 어땠는지? 점심은 맛있게 먹었는지?'에 대해 물어보는 엄마의 질문에 민주는 '선생님이 밥을 안 줘서 못 먹었어'라고 이야기했을 것이다. 사실 새로운 유치원에서 보낸 첫날, 적응하기 힘들었다는 말을 하고 싶었는지 모른다. 이때 교사가 민주의 진짜 마음을 읽지 못하고, 왜 엄마에게 거짓말했느냐며 혼을 낸다면 민주는 더욱 잘못된 방식으로 자기표현을 하게 될 것이다.

민주는 버릇없는 걸까? 표현력이 좋은 걸까?

하루는 아이들과 바깥 놀이터에 가서 트램펄린을 타기로 했다. 트램펄린의 크기와 안전을 생각해 다섯 명씩 순서와 시간을 정하고 타기로 한 규칙이 있다. 그래서 바깥 놀이터에 가기 전 아이들과 미리 순서를 정하고 나갔다. 첫 번째 순서인 아이들이 트램펄린에 들어가고 얼마 지났을 때, 아이들이 선생님도 같이 타자며 들어오라고 이야기했다. 나는 아이들과 함께 놀기 위해 트램펄린에 들어갔다. 그때 트램펄린을 바라보면서 다음 순서인 자기 차례를 기다리던 민주가 이렇게 말했다.

"선생님은 순서 아닌데 왜 타요?"

나는 민주의 말에 트램펄린에서 내려올 수밖에 없었다. 민주는 선생님처럼 첫 번째로 트램펄린을 타고 싶었지만, 약속을 지키기 위해 밖에서 자기 순서가 오기만을 기다리고 있었다. 그런데 순서에도 없는 선생님이 자기보다 먼저 트램펄린을 타니 속상했을 것이다.

민주의 자기표현은 잘못된 걸까?

그렇다면 선생님이 하는 행동은 정답이니 자기 생각을 말하지 않고 바라보고만 있는 게 맞는 걸까?

민주는 선생님에게 자기 생각을 말했을 뿐 절대 버릇이 없거나 이기적인 것이 아니다. 그저 자기 생각을 주저 없이 말하는 성향의 아이인 것이다. 하지만 우리는 자기표현이 분명한 아이를 고집이 있어 교사의 말을 잘 따르지 않는다며 지도하기 힘든 아이라고 평가하곤 한다.

사실 민주의 솔직한 자기표현에 당황한 적이 또 있었다. 여름을 주제로 한창 우리 반 아이들과 캠핑 놀이를 할 때 민주의 어머니가 등원 길에 집에서 안 쓰는 접시와 식기 도구를 기증해 주셨다. 그것들을 역할 놀이 공간에 넣어 주자 캠핑 놀이를 하려는 아이들이 하나둘씩 모여들었다. 나는 7살 아이들에게 포크 사용을 자제하고 젓가락을 사용할 수 있게 지도해 보자는 전날 회의 내용이 떠올라, 캠핑 놀이를 하는 도중 나무젓가락으로 공깃돌을 집어 접시 위에 옮기는 시범을 보여 주었다. 어느새 캠핑 놀이는 공깃돌 10개를 빨리 옮기는 놀이가 되었고, 교실 한쪽엔 젓가락 연습장이 생겼다.

"우리 민주가 가져온 접시 덕분에 젓가락 연습장이 생겼네."

나는 젓가락 연습장에서 놀이하는 민주에게 칭찬 섞인 이야기를 했다.

그러자 민주가 "이건 내가 가져온 게 아니라 엄마가 가져온 거예요." 라고 했다.

순간 나는 내가 한 말이 지적당했다는 생각에 당황해서 아무 말도 하지 못했다. 그런데 민주가 등원하는 모습을 떠올려 보니 나에게 접시와 식기 도구를 준 건 민주가 아니라 민주의 어머니였다. 하지만 나는 내 말의 의도를 알아주지 못하고 맞는 말만 하는 민주가 조금 얄미웠다. 사실 내가 한 칭찬에 민주가 마냥 기분 좋아하길 바랐던 것 같다. 꼭 평가할 권리를 가진 사람처럼 교사의 칭찬과 인정에 무조건 좋아해야 한다고 생각했다. 또 내가 민주의 말에 당황한 건 교사의 말에는 순종해야 하고, 틀렸다고 지적하면 안 되는 것이라 여겼기 때문일 수도 있다.

'착한 아이'로 크길 강요받는 아이들

교실에서 '착한 아이'는 자신의 권리보단 상대방을 먼저 생각하며, 교사의 수고를 덜어 주는 도우미 역할에 적극적인, 소위 학급 운영에 도움이 되는 아이를 말하는 것일지 모른다. 적극적으로 자기표현을 하는 아이보다 교사의 말에 수용적인 태도를 보이는 아이가 지도하기 편한 것이 사실이다. 하지만 우리가 바라는 아이는 착함보단 바른 인성을 지닌 아이일 것이다. 많은 부모가 등원하는 아이에게 "오늘도 선생님 말씀 잘 들어야 해."라고 말하며 '착한 아이'가 되라고 한다. 어린 시절 나 또한 어른인 선생님의 말씀엔 무조건 순종하며 따르는 '착한 아이'가 되고 싶어 했다.

우리나라는 모든 국민이 주인인 민주공화국이다. 그런데 나는 어른에 대한 공경을 우선으로 하는 유교 문화 속에서 자라 왔다. 유교 사상에 기본이 되는 덕목인 삼강오륜三綱五倫, 그중 장유유서長幼有序를 올바른 사회 유지에 필요한 기본적인 도리라 배우며 실천해 왔다. 이런 분위기에서 자라 온 나는 민주적인 의사결정보다는 어른들이 정해 주는 효율적인 의사결정을 따르는 것에 익숙하며, 어른들에게 적극적인 자기표현을 하는 데 서툴다. 민주주의와 시민교육에 대한 경험이 많지 않은 나는 우리 아이들이 민주시민으로 성장할 수 있도록 지도하는 데 아직 부족한 점이 많다. 앞으로 교사로서 잘못된 권력이 이어지지 않도록 민주시민교육에 대해 더 많이 배우고 열심히 실천해야 한다.

우리는 「인성교육진흥법」에 따라 바른 인성을 가르친다. 인성교육이란 자신의 내면을 바르고 건전하게 가꾸고 타인·공동체·자연과 더불어 살아가는 데 필요한 인간다운 성품과 역량을 기르는 것을 목적으로 하는 교육을 말한다.[18] 그런데 우리는 아이들에게 내면의 건전함보다 더불어 살아가는 데 필요한 역량을 기르는 것에 더욱 중점을 둔다. 어른들에게 예의 바르게 행동해야 한다면서 '인성'을 강조하고, 어른인 선생님의 말씀과 다른 자기 생각을 표현하는 아이에겐 버릇없다며, 어른에게 칭찬받는 '착한 아이'가 되려면 순종해야 한다고 가르치는 건 아닌지 되돌아봐야 한다. 일방적인 순응만을 강요받으며 자란 아이들은 비판적으로 생각하는 능력을 키울 수 없다. 우리는 미래를 살아갈 아이들이 비판적 사고력을 지닌 주체적인 시민으로 성장할 수 있도록 아이들의 자기표현을 존중해야 한다.

새치기하는 선생님

초등학생과 같은 급식실을 사용하는 병설 유치원에서 근무할 때 일이다.

"새치기하면 안 돼! 차례를 지켜야 해!"

나는 아이들에게 늘 이렇게 이야기했다. 그런데 나는 급식실에서 아이들을 자리에 앉히고 식사할 수 있도록 한 다음에, 배식을 기다리는 1학년 아이들 사이에 끼어들어 밥을 받았다. 나는 이렇게 반년 님게 지내면서 한 번도 내 행동이 잘못됐다는 생각을 하지 못했다. 그러던 어느 날 동료 교사인 친구가 그동안 내 행동에 정곡을 찌르는 질문을 했다.

"아이들한테 새치기하면 안 된다고 가르치면서 우리는 왜 차례 지

---

18. 「인성교육진흥법」 제2조(정의).

켜서 줄을 서지 않고 끼어드는 거지?"

　친구는 나와 같은 상황에서 자신의 행동이 잘못됐음을 느꼈고, 이제는 1학년 아이들 맨 뒤에 줄을 선다고 했다.

　어느 날은 선생님 한 분이 유치원 아이들이 기다리니 먼저 밥을 받으라고 권하셨다. 친구는 우리 반 아이들은 교사 없이도 스스로 먹을 수 있도록 지도했고, 먹는 모습을 보면서 줄을 설 수 있으니 괜찮다고 말씀드리며 거절했다고 한다. 그때 친구는 융통성 없는 교사라는 이야기를 들었다며 속상해했다. 그렇지만 나는 친구의 그와 같은 행동이 아이들에게 규칙을 지시하기만 하는 독재자의 모습이 아니라 동등한 관계에서 함께 규칙을 지키기 위해 노력하는 민주적인 교사의 본보기라고 생각한다.

　우리는 권력이 아닌 권위가 있는 교실을 꿈꾼다. 그런데 적극적으로 자기 생각과 감정을 표현하는 민주를 불편해했기 때문일까? 교실에 있는 아이들 가운데 민주와 반대로 선생님은 되고, 나는 안 되는 상황을 당연하게 받아들이는 아이들이 많았다. 교사가 자신보다 상위 서열에 있다고 생각하는 것이다.

　2019 개정 누리과정에는 유아·놀이 중심 교육과정 운영을 위한 관계 변화의 핵심은 유아-교사 간이라고 나와 있다. 교사는 아이들을 존엄성을 지닌 존재로 대하고, 아이들은 자기 생각과 감정을 표현할 권리를 보장받는 수평적인 민주적 관계를 정립해 나가자는 것이다. 수직적인 관계에서 교사는 독재자의 모습을 보인다. 아이들은 독재적인 교사의 권력에 눌려 의문을 제기하거나 교사의 의견에 반대하기 어려워한다. 또 자신의 사소한 행동에도 허락과 동의를 구하려고 한다. 우리는 이러한 권력관계에서 벗어나 권위 있는 교사로서 유아-교사 사이에 민주적 관계를 만들어야 한다. 이 과정에서 아이들은 민주주의

의 유산인 사회적 평등의 개념을 인식할 것이다.

수업 영상 속 낯선 내 모습

나는 아이들에게 함부로 말하거나 행동하지 않고, 아이들을 존중하는 자세로 상냥하게 대하는 것이 몸에 배어 있는 교사라고 자부했다. 하지만 올해 비대면 학부모 공개수업을 위해 촬영한 수업 영상 속에서 낯선 내 모습을 보았다. 수업 공개 후 학부모의 놀이 수업에 대한 이해를 돕기 위해 영상을 편집하는데, 보여 주고 싶지 않은 내 모습들이 있었다.

놀이 정리 시간을 알리는 신호가 울리고, 아직 낚시 놀이를 하는 아이에게 "이제 정리 시간이야~ 이건 선생님이 정리할게."라고 이야기하며, 아이의 손에 있던 낚싯대를 가져가서 제자리에 정리했다. 그때는 내 행동이 잘못됐다는 생각을 하지 못했다. 오히려 아이가 빨리 정리하고 모일 수 있도록 도움을 주었다고 생각했다. 그런데 화질이 좋지 않고 교사의 목소리가 잘 들리지 않는 수업 영상 속의 내 모습은 꼭 아이의 낚싯대를 억지로 빼앗아 가는 것처럼 보였다. 그리고 모두 모여 친구들의 놀이 소감을 듣는 중 자신이 만든 작품을 자랑하고 싶어 서 있는 아이에게 앉으라며 엉덩이를 다독이는 모습은 아이들을 재촉하는 것처럼 보이기도 했다.

영상을 보면서 내가 수업에서 교사의 지시에 따라 놀이를 빨리 정리하고, 바르게 정돈된 모습만을 보여 주고 싶은 욕심에 강압적인 모습으로 아이들의 자기결정권을 모두 빼앗아 가고 있는 것은 아닌가 하는 생각이 들었다. 낚싯대 정리를 아직 못한 아이에게 먼저 교사가 정리해도 되는지 물어보고 나서 아이의 결정에 따라 스스로 정리하거나, 교사에게 직접 낚싯대를 줬다면 어땠을까? 또 서 있는 아이에게 앉도록 안내한 후 스스로 앉을 수 있도록 조금만 기다렸더라면 이런 강압적인 모습은 없었을 것이다.

우리는 아이들의 의사와 상관없이 교사의 판단에 따라 도움을 주는 경우가 많다. 우리가 주는 도움이 정말 아이들이 바라는 것인지 아니면 교사의 인내심 부족으로 아이들의 자기결정권을 빼앗는 것인지를 생각해 봐야 한다. 아이들이 자신의 행동에 대한 의사결정을 할 때 교사의 영향력이 강하게 작용할 수 있다. 이 과정에서 무의식적으로 서열을 배우게 되거나 교사와 자신이 동등한 관계가 아니라고 인식할 수 있게 되는 것이다.

아이들의 자기결정권을 보장해 주세요!

아동은 성인보다 신체적·정신적으로 미성숙하기 때문에 더욱 특별한 보호가 필요한 존재로 어떠한 상황에서도 최우선으로 보호받아야 한다는 주장이 국제사회에서 꾸준히 제기되었다. 그 노력의 최종 성과가 바로 유엔의 아동권리협약이다. 유엔의 아동권리협약CRC은 40가지 아동의 권리를 크게 네 가지, 즉 생존의 권리, 보호의 권리, 발달의 권리, 참여의 권리로 정리하였다. 아동의 생존과 보호의 권리는 기본적인 삶을 위한 권리이다. 그동안은 유아교육에서 발달의 권리에 초점을 맞추어 왔다면, 이제는 유아의 참여의 권리에도 주목해야 한다. 참여의 권리는 '자신의 생활에 영향을 주는 일에 대해 의견을 말하고 존중받을 권리'를 말한다.

육아정책연구소 김은영 연구위원은 참여의 권리를 유아교육 현장에 적용하는 것은, 유아들이 놀이하고 생활할 때 자신의 의견을 적극적으로 말할 수 있는 분위기를 제공하고, 유아가 자신의 의견을 말할 때 교사는 유아를 존중하여 의사결정을 하는 것이라고 했다. 아이들은 자신과 관련된 일에 대해 자기 의사를 자유롭게 표현할 권리가 있다. 또한 참여의 기회가 많이 누림으로써 책임감 있는 성인으로 성장하게 되는 것이다.

함께 모여 이야기를 나누는 시간에 갑자기 말없이 화장실에 가는 아이가 있으면 당황스럽다. 화장실에 가는 사소한 일조차 교사의 허락이 필요했던 것이다. 이렇게 교실에서 아이들이 행동에 대한 의사결정을 할 때 교사가 더 많은 영향력을 행사하고 있다. 자신의 결정에 따라 행동할 수 있는 자기결정권을 보장받는 교실에서 아이들은 주도성을 키울 수 있다. 주도성은 자신의 삶을 주체적으로 살아가는 힘을 기르는 첫 발걸음이다. 주도성을 지닌 아이들은 하고 싶은 일을 스스로 결정하고, 자신이 선택한 일에 적극적으로 참여하며 이끌어 나간다. 교사는 자신의 삶에 주도적인 아이가 될 수 있도록 두 가지를 염두에 두어야 한다. 즉 교실 안에서 아이들에게 직접적으로 영향을 미치는 일에 대해 자기 생각을 말할 수 있는 자기표현의 자유, 그리고 자신의 결정에 따라 행동할 수 있는 자기결정권[19]을 보장받을 수 있도록 해야 한다.

---

19. 사적인 영역에서 국가의 간섭 없이 스스로 결정할 수 있는 권리로, 「대한민국 헌법」 제10조를 근거로 한다. 자기결정권은 「헌법」에서 규정하고 있는 기본적 권리이니만큼 존중되어야 하며, 타인의 자기결정권 역시 존중해야 한다(네이버 지식백과).

2.
아이들과 아이들의 놀이가 주인인 교실

2019년 개정된 유치원 교육과정은 누리과정이 지향해야 하는 바를 다음과 같이 설명하고 있다.

> "누리과정의 목적은 유아가 놀이를 통해 심신의 건강과 조화로운 발달을 이루고 바른 인성과 민주시민의 기초를 형성하는 데에 있다."

'놀이'와 '바른 인성'은 유아기의 고유한 특성을 더욱 강조하고, 인성이 사회 전반에 걸쳐 강조되고 있다는 점을 반영하여 추가되었다. 그리고 '심신의 건강', '조화로운 발달'과 '민주시민'의 가치는 전통적으로 유아교육에서 강조해 온 것이다. 이를 실현하기 위한 목표는 누리과정이 추구하는 인간상인 '건강한 사람, 자주적인 사람, 창의적인 사람, 감성이 풍부한 사람, 더불어 사는 사람'으로 유아의 성장에 필요한 사항을 중점으로 구성하고 있다. 2019 개정 누리과정이 제시하는 인간상과 목표가 궁극적으로 추구하는 것은 유아가 만나게 될 다양한 세상에서도 주체적으로 살아가는 힘을 기르는 것이다.

미국의 심리학자인 에릭슨[1950]은 전 생애를 8단계로 나누고 단계마다 경험하며 해결해야만 하는 심리·사회적 위기가 있다고 보았다. 그는 유아기 심리·사회적 위기를 해결하기 위한 발달과업으로 자율성과 주도성을 제시하였다. 그는 이 위기를 성공적으로 해결하지 못한 아이는 수치심과 죄책감을 경험하게 되고, 심리적으로나 정서적으로 고통스러운 시간을 보내게 된다고 하였다. 자신의 능력을 바탕으로 스스로 결정하고 선택하는 일은 유아기의 심리·사회적 위기를 성공적으로 해결하는 데 꼭 필요한 경험이다. 또한 유아기는 자신이 처한 환경을 능동적으로 탐색할 수 있는 주도성 확립의 결정적 시기이다.

OECD의 '교육 2030 학습 개념 틀'[20]에 의하면 배움의 궁극적인 목적을 달성하기 위해서는 기존의 지침이나 교사의 지시에 따르기보다는 학습자가 주도적으로 탐색하고 방향을 찾아 나가야 한다. 또한 유아가 주도성을 가지고 놀이하고 탐색할 수 있도록 교사는 유아들의 목소리에 귀를 기울이고 지원해야 한다. 이는 문재인 정부의 「국정 운영 5개년 계획」에 따라 교육부가 발표한 '유아교육 혁신 방안'에 명시된 '유아가 중심이 되고 놀이가 살아나는 유아 중심, 놀이 중심의 교육과정 혁신'과 일맥상통한다. 이전 교육과정에서는 주제에 맞는 자료와 환경을 제공한 후 교사의 사전 계획에 따라 자유선택활동을 할 수 있도록 동기부여를 함으로써 놀이가 다양하고 발전적으로 이루어질 수 있다고 보았다. 그런데 개정 누리과정은 유아교육에서 전통적으로 강조해 왔던 유아 중심과 놀이 중심을 재차 강조하며, 교사가 계획한 활동 중심의 운영으로는 놀이의 본질과 가치를 실천하는 데 한계가 있다고 보았다. 또한 유아가 각자 자신에게 가장 적합한 방식으로 스스로 놀이하며 배운다는 점에 주목하여 유아가 주도하는 놀이를 강조

---

20. OECD에서는 급변하는 사회에 필요한 인재 양성을 위해서는 기존의 방식에서 벗어난 새로운 학습 방법을 적용해야 한다고 보고 '교육 2030 학습 개념 틀'을 제시하였다.

하고 있다.

우리가 만든 우리의 놀이 공간

교실 한쪽 공간에서 시작된 공연 놀이

교실 안에서 점점 확장되어 가는 아이들의 놀이

좁다는 아이들의 요구에 복도로 이동

함께 만들어 가는 복도 놀이 공간

복도에 생긴 공연 놀이 공간

아침 자유놀이 시간에 4~5명의 아이가 교실 한쪽에 모여 악기를 연주하며 춤을 추고 있었다. 사실 악기는 교사에게 조금 불편한 교구이다. 아이 22명만 있어도 시끌벅적한 교실에 악기 연주까지 더해지면 교사는 소란스러운 분위기에 정신이 없다. 조금 힘들어서 그만했으면 하는 마음에 다른 친구들의 핑계를 대기도 한다. "다른 놀이를 하는 친구들이 악기 소리 때문에 시끄러워서 불편하지 않을까?" 하며 다른 놀이를 하도록 유도한 적도 있다.

하루는 불편한 마음을 조금 내려놓고 아이들의 놀이를 관찰했다. 놀이할 수 있는 충분한 시간이 주어지자 아이들은 '공연 놀이'라고 이름 붙이며 놀이에 의미를 더해 갔고, 무대를 넓게 만들어 놀이를 확장하고 싶어 했다. 그런데 블록 놀이를 하던 아이들의 놀이 공간이 점점 좁아져 불편해했다. 나는 아이들에게 어떻게 하면 좋을지 물어보았다. 아이들은 이야기하며 의견을 주고받더니 복도에 무대를 만들어 공연 놀이를 계속하기로 했다. 아이들이 이야기한 공연 놀이에 필요한 자료들을 꺼내 주고, 놀이 기록용 태블릿으로 촬영하며 놀이할 수 있도록 지원했다. 놀이는 오후 방과 후 시간까지 계속되었다. 나중엔 공연 순서표, 좌석표 등까지 만들었다.

아이들은 자신이 하고 싶은 놀이나 일을 스스로 결정할 때 적극적으로 참여하며 주도적으로 이끌어 나간다. 교사가 미리 계획하고 주도하지 않고 아이들이 주도적으로 만드는 놀이가 되려면 아이들의 작은 요구도 그냥 지나치지 않고 경청하는 교사의 태도가 중요하다. 아이들이 요구한 자료, 공간, 시간 등을 교사가 적극적으로 지원할 때 아이들은 스스로 주도하는 놀이에 더 가치를 느낀다. 이러한 경험을 통해 아이들은 주도적으로 한 행동을 인정받고 있으며, 교실의 놀이가 교사 중심이 아니라 유아 중심이고, 교실의 주인은 자신들임을 알게 된다.

교실 속 문제를 스스로 해결해 보는 경험

아이들의 놀이에는 분명 갈등이 있다. 안전과 갈등 상황을 모두 고려한 교사의 계획에 따라 놀이가 이루어지지 못하는 상태에서 아이들이 주도하는 놀이에는 갈등이 더욱 자주 일어난다. 하지만 놀이 안에서 발생한 갈등을 해결하는 과정이 있어야 놀이를 확장해 갈 수 있으며, 놀이를 통한 배움이 더욱 커진다.

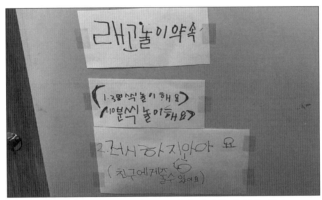

갈등 상황이 자주 생기는 놀이에 아이들이 정한 약속

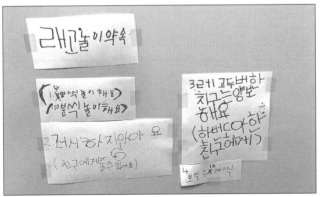

함께 정한 약속으로 놀이한 후 더 필요한 약속은 추가하고,
내용을 바꾸기도 한다.

하루는 한 여자아이가 그림을 그리다 "레고 놀이는 정말 문제야."라고 한숨을 쉬며 이야기했다. 이유를 물어보자 친구들이 다투는 소리가 자꾸 들려 힘이 든다고 했다. 사실 교사도 매일 한두 번씩 문제 상황이 생기는 레고 놀이에 불편함을 느끼고, 어떻게 해결해야 할지 고민하고 있었다. 교사가 교실에서 느끼는 점은 아이들도 똑같이 느낀다. 가장 쉬운 방법은 레고 놀이 공간을 교실에서 빼는 것이었지만, 이대로 레고 놀이를 정리해 버리면 다른 장난감을 가지고 놀이하는 과정에서 문제 상황이 생길 때마다 교실에서 없애는 것을 좋은 방법으로 알게 될 아이들을 생각하니 그럴 수 없었다. 나는 먼저 아이들에게 어떻게 하면 좋을지 물어보았다. 우리 반에 필요한 약속을 함께 정하는 경험을 많이 해 본 아이들은 모두 모여 이야기를 나누어 약속을 정해 보자고 했다.

나는 이렇게 교실에서 문제 상황이 생겼을 때 바로 놀이 규칙을 정해 주지 않고, 아이들과 이야기를 나누어 함께 교실 약속을 정하려고 노력한다. 갈등 해결을 위한 약속과 규칙 정하기는 아이들의 놀이에 영향을 직접 주는 일인데도 교사가 효율성을 위해 바로 개입해 문제를 해결해 주는 경우가 많다. 사실 교실에 문제 상황이 생겼을 때 교사가 바로 개입하는 것은 가장 빠르고 쉬운 방법이다. 하지만 교사가 일방적으로 지시하지 않고 반 전체가 모여 해결 방법을 결정하는 의사소통 과정을 통해 아이들은 우리 반에 소속감을 갖게 된다. 또 다른 사람에게 관심을 가지고 더불어 살아가는 태도를 기르게 된다. 이를 위해 교사는 반 전체가 모여 이야기를 나눌 땐 한두 명의 의견만이 아니라 모두가 의견을 제시할 수 있도록 해야 한다. 또한 아이들에게는 상대방의 말을 경청하고, 이야기를 나눌 수 있는 의사소통 능력이 필요하다. 다른 사람의 이야기를 듣지 않고 자기 생각만 일방적으로 표현하는 것은 자기중심적인 발달 특성을 더욱 강화시킬 수 있으니 자신의 생각만큼 상대방의 의견도 소중하다는 것을 알려 주어야 한다. 그동안엔 교실에서는 교사만을 바라보고, 행과 열을 맞춰 앉아 있는 모습이 많았다. 나는 교사와의 소통이 아닌 친구들과 소통하는 방법을 배울 수 있도록 교실 환경에 변화를 주었다.

교사와의 소통에서 친구들과의 소통으로

모두 한곳을 바라보며 앉았던 기존의 이야기 나누기 자리

교사에게 집중하는 게 아니라 친구의 이야기에 집중하는 것이
필요한 시간에는 동그랗게 모여 앉아 서로를 보며 이야기 나눈다.

교사는 유치원에서 아이들과 가까이에서 지내며 가장 영향력 있는 사람인 것은 틀림없는 사실이지만, 교실에서 교사보다 더 많은 상호작용을 하고 소통이 필요한 사람은 바로 친구들이다. 그래서 기존의 교사만을 바라보며 앉던 자리를 모든 친구를 바라보며 앉을 수 있도록 동그랗게 모여 앉는 자리로 바꾸었다. 원형의 자리 배치에서는 이야기하는 친구의 뒷모습이 아니라 얼굴을 바라보게 되며, 더욱 이야기에 집중할 수 있다. 또한 자기 생각을 표현하지 못하는 소외된 아이가 있는지가 한눈에 들어오는 장점이 있다. 이처럼 서로 바라보고 이야기를 나누는 경험은 함께 놀이하는 즐거움을 아는 데 꼭 필요한 친구들과의 소통하는 능력을 기르게 한다.

함께 놀이하는 경험

또래 학습은 가르치는 사람과 배우는 사람의 이해 정도와 차이가 작을 때 교수 효과가 높기 때문에 교사들은 교실에서 협동 활동을 강조한다. 그런데 사실 아이들이 협동하며 함께하는 게 마냥 즐겁기만 하지는 않을 때도 있다.

아이들과 '종이컵 탑 쌓기' 활동을 한 적 있다. 학기 초인 걸 고려해 반 전체가 함께 하나의 탑을 쌓는 방법이 아니라 4~5명씩 모둠을 나누어 활동했다. 그런데 모둠을 정하는 과정에서 실수가 있었다. 출석부에 있는 생년월일 순서로 모둠을 나눈 것이다. 같은 연령이지만 1월생 아이들만 있는 1모둠은 함께 의견을 나누고 역할을 정하며 더 높이 컵을 쌓기 위해 열심히 활동에 참여했다. 하지만 11~12월생만 있던 4모둠은 자기가 하고 싶은 컵 색깔을 정하려고 서로 다투다가, 결국

한 아이가 원하는 색깔의 컵을 고르지 못하자 화가 나서 친구들이 쌓은 탑을 무너트리고 다니기 시작했다. 아이들에게 성취감과 함께 놀이하는 즐거움을 주고 싶었던 나의 계획은 물거품이 됐다.

그냥 함께 놀이한다고 더불어 살아가는 태도가 길러지는 걸까?

우리 반 아이들의 성향과 성장 단계를 충분히 고려하지 않고 활동을 진행했기 때문에 일어난 일이다. 활동 전에 위험 요인이나 방해 요인 등에 대한 분석이 선행되었다면 함께 놀이하는 경험이 배려와 책임이라는 배움까지 연결될 수 있었을 것이다.

아이들 개인 작품을 연결해 만든 동요 '모두 다 꽃이야'

Tip: 아이들이 각자 그린 그림을 스캔한 후 영상편집 앱을 활용해 음악을 넣어 주면 우리 반 동요 영상 완성!

협동 활동을 하기 전에 아이들에게 필요한 것은 서로 다른 생각을 인정하고 존중하는 태도일 것이다. 교사에게 필요한 것은 우리 반 아이들을 충분히 관찰하고, 이해하는 것이다. 또한 교사는 친구들과 함께 즐겁게 놀이했던 경험을 제공하여 협동 활동에 적극적으로 참여할 동기를 만들어 줄 수 있다. 이러한 동기부여는 유아기 발달 단계를 고려하여 결과물이 눈에 보이는 미술 활동부터 시작해 보는 것이 좋다. 처음부터 활동 주제, 공간, 역할, 재료 등을 모두 아이들에게 맡기는 것은 적합하지 않다. 공동의 목표를 가지고 모두의 이익을 위해 행동하는 것은 성인인 우리도 어렵다. 먼저 각자 활동한 것을 모아 연결하는 수준의 협동 활동부터 시작해 집단의 크기를 점차 확장하며 하나의 공통된 목표를 이뤄 가는 협동 활동으로 단계를 두는 것이 좋다.

제시된 한 가지 결과물을 분담하여 꾸며 보는 활동을 통해 자신이

〈한국을 빛낸 100명의 위인들〉 노래 개사하기

맡은 부분에 대한 책임감을 기를 수 있다. 또한 우리가 직접 만든 영상을 보며 아이들은 협동 활동에 참여하는 과정에 성취감을 느끼고, 점차 즐기게 될 것이다.

아이들이 좀 더 성장한 2학기엔 우리나라를 주제로 활동하며 〈한국을 빛낸 100명의 위인들〉 노래에 아이들의 이름과 장래 희망을 넣어 '우리 유치원을 빛낸 22명의 아이들'이라는 노래를 만들기도 하였다.

이러한 협동 활동은 함께 했을 때 더 빛을 발하는 활동으로 아이들은 '연대'와 '공동체'의 가치와 소중함을 알게 될 것이다.

민주의 성장 일기

"내가 우리 반 약속을 만든 날"

오늘은 내 생각이 우리 반 약속이 됐다.

친구들이 모두 좋다고 투표해 줘서 정말 기분이 좋았다.

내가 열심히 생각해서 정한 약속을 친구들이 안 지켜 주면 속상할 거 같다.

친구들도 자기가 정한 약속을 우리가 안 지키면 속상하겠지? 나도 친구가 말한 약속을 잘 지켜야겠다.

4장

생태,
건강한 지구에서
함께 살아요

우리가 환경을 파괴하는 생활을 계속한다면 우린 진정 '짧고
굵게 살다 간 종'으로 기록되고 말 것입니다.

_최재천, 『생명이 있는 것은 다 아름답다』에서

담요 덮고
에어컨 틀어 달라는
11살 민주

민주네 반

선생님, 더운데
에어컨 틀면 안 돼요?

아직 5월밖에 안 됐잖아. 게다가
지금 우리 반은 겨우 23℃인걸

아...
그래도
더운데...

이정도 날씨에 에어컨을 틀 순 없어.
창문 옆에 가서 좀 선선한 바람을
느껴 보는 게 어때?

떨컥

사원~

아, 너무 덥단 말이에요~!
제발 틀게 해 주세요!!!

제발요

생~

아휴~

여는 이야기

오연희

오늘은 생태교육에 대해서 이야기를 나눠 봐요. 지구의 생태계를 구성하는 구성원으로서 인간은 지구 환경에 대한 이해를 통해 현재의 문제를 정확히 바라보아야 합니다. 그리고 바람직한 의사결정을 통해 지구 환경을 살리기 위한 실천으로 연결되도록 하는 것이 생태교육, 환경교육의 핵심이죠. 생태환경 문제의 다양한 쟁점들을 해결하기 위해 여러 정보를 비판적으로 탐색하고, 협력적인 의사소통 과정을 통해 해결 방안을 모색하고 실천으로 이어지는 과정 자체를 민주시민교육의 일부분으로 볼 수도 있고요. 또한 적극적으로 참여하고 연대하지 않고는 오염된 지구 환경을 되살리는 일이 어렵다는 점에서 참여, 연대라는 민주시민의 가치가 절실히 필요한 영역이기도 해요. 생태교육에 대한 선생님들의 생각과 경험을 함께 나눠 보면 좋겠어요.

김병국

예전에는 후손을 위해서 깨끗한 지구를 물려줘야 하는 것으로 접근했지만, 지금은 미래가 아닌 지금 우리의 삶을 위협하는 더욱 시급한 문제가 되었다고 할 수 있어요. 산업혁명 이후 인간의 물질적 풍요로움을 위해서 했던 많은 일이 자연을 파괴하고 생태계를 훼손하는 것이었어요. 이제는 그러한 우리의 과거와 현재를 돌아보면서 환경 파괴와 지구온난화를 멈추는 일에 노력해야겠어요.

동의해요. 얼마 전 텔레비전 뉴스에서 지구온난화가 예상보다 빨리 진행되어서 50년 뒤에는 지구 온도가 지금보다 5도 더 올라갈 수도 있다고 들었어요. 환경운동가 마크 라이너스는 『6도의 멸종』이라는 책에서 지구 온도가 1도씩 오를 때마다 세상이 어떻게 변할지를 예측했어요. 지구 온도가 현재보다 2도 상승할 때 세계의 주요 항만도시는 침수되고, 4도가 상승하면 지구의 빙하 전체가 소멸할 수 있다고 해요. 6도가 상승할 때 무슨 일이 일어날지 상상이 되나요? 바로 인류가 멸종할 수 있다는 거예요.

정말 심각하네요. 그래서 최근 몇 년 사이 유럽에서는 2050년까지 탄소 중립을 하겠다고 선언했고, 우리나라도 최근 동참했다고 하죠.

네. 발 빠르게 지구온난화를 막으려고 유럽 중심의 선진국들뿐만 아니라 최근 주요 국가와 우리나라에서도 참여 의지를 보이고 있고, 세계의 대형 기업들에서도 동참하고 있기 때문에 지구온난화 해결 의지가 높아지는 분위기죠. 하지만 아직 개발도상국에서는 친환경 기술이 부족하기도 하고 앞으로 도시화, 산업화를 하면서 많은 탄소 배출을 할 수 있기 때문에 발달한 선진국에서 친환경 생산 기술, 탄소 중립을 위한 산업 기술 정보들을 개방하고 나누려는 노력도 중요합니다.

오연희 정말 좋은 의견이에요. 코로나19 백신 부족 상황에서 모더나, 화이자와 같은 회사의 백신 개발에 대한 지적재산권을 우선 가치로 둘 수만은 없는 것과 같은 이치네요. 탄소 중립을 실천하는 기업에 대한 지원 등 정부의 정책이나 탄소 제로화를 위한 세계적인 협력 분위기가 지속해서 필요하겠어요. 그럼, 학교 차원에서는 생태환경교육과 관련하여 어떤 노력을 하고 있고 어떤 점이 중요하다고 생각하시나요?

조희정 유치원에서는 자연친화적 태도, 다시 말해 생태감수성을 기르는 데 집중하고 있어요. 충분한 바깥 놀이 활동을 통해 특히 자연에서 놀이하는 경험을 함으로써 자연에 대한 긍정적인 태도를 기르는 것에서 시작하는 거예요. 자연에서 노는 경험으로 자연에 대한 긍정적인 태도가 생기고, 나아가 활동을 통해 내가 좋아하는 자연이 아프고 힘들어한다는 것을 알게 되면 자연을 위해 내가 무엇을 할 수 있을지 생각하게 되죠. 그리고 실천할 내용은 아이들의 생활과 밀접한 연관이 있는 것으로 결정해요. 저는 아이들과 교실 휴지통을 함께 관찰하는 시간을 가진 뒤에 함께 얘기를 나눴어요. 그러고 나면 아이들은 스스로 종이를 함부로 버리지 않기, 구체적으로는 종이접기나 뒷장에 다시 그려 재활용하기와 같은 실천 약속을 정해요.

박주현

중학생 언니, 형들도 꾸준히 실천하지 못하는 것을 우리 막둥이들이 열심히 실천하다니 참 멋지네요. 사실 직접 체험하는 것은 어린아이들뿐만 아니라 모든 학령기에 다 중요한 활동이라고 생각해요. 저는 전기 단원을 운영할 때 에어컨과 교실 조명을 다 끈 뒤에 어떤 느낌이 들었는지 소감을 작성하고 나눠 보는 시간을 만들곤 하거든요.

김병국

저도 환경 관련 교육과정을 어떻게 운영하느냐도 중요하지만, 지속해서 체험하고 느끼고 생활 속에서 실천할 기회를 주는 것이 매우 중요하다고 생각합니다. 평상시에 일회용품을 쓰는 것을 서로에게 미안하게 생각하고 부끄러워하는 마음이랄까요. 앎과 삶의 일치 차원에서도요.

오연희

공감도 되고 반성도 되네요. 저는 아이들과 함께 교실에서 마신 우유갑을 씻어 모아 주민센터에서 화장지로 교환하기 활동을 해 보았어요. 또 매 학기 학급 나눔 장터를 열고, 환경 지킴이 서약서를 작성하는 수업도 하는데요. 막상 일상생활에서 제가 무심코 쓰는 종이컵, 일회용 물티슈를 생각하면 참 부끄러워지네요.

김병국

사실 '청소년 기후행동' 활동가와 같은 소수의 학생이 결석 시위를 벌일 만큼 적극적으로 활동하고 그 심각성을 체감하고 있지요. 그에 비해 다수의 청소년은 체감하기가 입시보다 덜 중요할뿐더러, 봉사활동 같은 일회성 활동으로 경험할 뿐이네요. 솔직히 교사들뿐만 아니라 대부분의 어른도 그렇잖아요. 지구 환경을 위해 지구온난화를 막기 위해 할 수 있는 일들을 상식적으로는 알고 있지만, 그 심각성을 일상생활에서는 잘 느끼지 못하고 게다가 전기 절약이나 물 절약 등을 생활 속에서 꾸준히 실천하는 일은 쉽지 않아요. 그뿐만 아니라 배달 음식, 포장 음식에서 나온 플라스틱 쓰레기, 일회용 아이스 컵 등등 이젠 일회용 플라스틱을 사용하지 않는 것을 상상할 수가 없을 정도지요.

오연희

환경을 위한 일에는 불편함을 감수해야 하고 끈기와 노력이 필요하더라고요. 그러다 보니 많은 사람들, 소위 대중들이 함께하기보다는 환경 의식이 높은 일부의 사람들만 실천하니 효과가 미미하죠. 이제 일회용 숟가락을 사용할지, 사용하지 않을지와 같은 것들을 선택의 문제가 아니라 시민의 의무와 책임의 문제로 전환하고 의견을 모아 필요하다면 법적으로 규제해서 실천력을 강화해야 한다고 생각해요.

조희정

좋은 생각이에요. 선생님의 의견에 덧붙이자면 '나 하나쯤이야'보다는 '나부터, 나 먼저'라는 문화를 확산시키는 데 교사들이 그 역할을 같이 해낼 수 있을 거예요. 우리 아이들이 환경을 걱정하고 자연을 배려하게 되고, 또 학교에서 함께 실천하고 있는 작은 친환경 생활 습관들을 가정에서도 함께 실천할 수 있도록 한다면 조금은 더 희망적이지 않나요?

오연희

선생님들과 함께 얘기를 나눌수록 생태교육에 대한 의지가 생기고, 아이들과 함께 실천해 볼 좋은 아이디어도 많이 떠오릅니다. 학교에서부터 학생과 교사가 함께 민주적 의사결정의 주체가 되어 우리부터 민주시민을 넘어서 지구별 지킴이가 되어야 하겠어요. 무엇보다 자연은 우리 인간과 연결되어 있고, 인간은 지구에서 유일한 의사결정의 주체라는 사실을 잊으면 안 되겠어요.

1.
지구의 주인이 될 자격 있나요?

불편한 진실과 마주하기

2020년부터 만 2년이 되어 가도록 전 세계를 팬데믹으로 몰아 넣은 코로나19. 사실 많은 사람들이 2020년 초, 텔레비전과 인터넷 뉴스에 코로나19가 '우한 폐렴' 또는 '신종 코로나바이러스'로 소개되었을 때만 하더라도 메르스나 사스 유행 때처럼 몇 달 조심하면 잠잠해질 줄 알았다. 교육부는 등교 연기를 여러 차례 발표하다가 온라인 개학으로 학사를 정상화했으며, 이후 단계적으로 대면 수업을 확대해 나갔다. 그리고 우리는 2021년 현재까지 원격 수업 또는 온라인 수업이라 일컫는 비대면 수업, 그리고 직접 학교로 등교하는 대면 수업을 코로나19 상황 추이에 따라 가변적으로 실시하고 있다.

전문가들은 코로나19의 원인을 박쥐에서 찾기도 하고, 우한 연구소에서 만들어진 것이라는 주장을 제기하기도 했다. 최근까지는 박쥐나 천산갑 등의 숙주를 통해 인간에게 전파된 것으로 보는 게 일반적인 듯했지만, 우한 연구소에서 시작되었을 가능성에 대한 지속적인 주장과 그렇지 않을 수도 있다는 주장 등 의견이 분분하다.

그 원인을 찾으려 노력하는 전문가들의 공통된 의견은 기후변화와 환경 파괴로 인해 코로나19보다 더 강한 바이러스 감염병의 시대가 도래할 수 있다는 경고의 메시지였다. 에볼라 바이러스는 벌목과 가뭄이 원인으로 알려져 있으며, 산림 파괴로 서식지를 잃은 박쥐들이 마을로 옮겨 낙타와 접촉하게 된 것이 메르스의 원인이라고 한다. 이렇듯 지구온난화로 인해 동식물의 다양성과 먹이사슬이 파괴되면서 야생 동물이 인간과 가까이 있게 되고 동물에 있던 바이러스가 인간에게 전염되는 상황을 피할 수 없게 된 것이다. 눈앞에 닥친 지구온난화와 환경 파괴 문제는 당장 우리의 생명, 우리의 건강한 삶을 위협하는 심각한 문제이다. 이미 늦었지만, 더 큰 재앙이 오기 전에 지구의 일부분이면서 지구 환경을 해치는 가해자였던 우리 인간이 욕망과 이기심에서 벗어나 자연에 용서를 구하고, 생태계의 균형과 안정을 찾도록 다양한 측면에서 성찰하고 노력해야 한다.

미국의 다큐멘터리 영화 〈불편한 진실〉에는 미국의 부통령 출신 환경운동가 앨 고어의 연설 중 인간을 개구리에 비유하는 내용이 나온다. 개구리를 뜨거운 물에 넣으면 바로 뛰쳐나오지만 미지근한 물에 넣어 천천히 물의 온도가 높아지면 그 상황을 위험하다고 인식하지 못한 채 죽는다고 한다. 우리가 지금 곧 뜨거워질 미지근한 냄비 속 개구리는 아닐까? 즉, 환경 문제를 당장의 시급한 문제로 생각하지 않거나 대수롭지 않게 여기고 있는 건 아닐까?

일회용품 공장을 다 없애면 안 되나요?

아이들은 생태·환경 수업 시간에 깨끗한 지구를 위해 혹은 북극곰 등 자연의 동식물을 위해 할 수 있는 일들을 떠올린다. 대부분 다음과 같은 것들이다.

> - 일회용품 안 쓰거나 적게 써요.
> - 가까운 거리는 걸어 다녀요.
>   또 대중교통이나 자전거를 이용해요.
> - 안 쓰는 전기 코드는 뽑아요.
> - 쓰레기 분리수거를 잘해요.
> - 수도꼭지 물을 잘 잠그고 물을 아껴 써요.

아이들은 점차 탄소 배출량이라든지, 탄소가 지구온난화에 어떤 영향을 미치는지를 이해할 수 있는 학령기가 된다. 그리고 개인의 실천만으로 해결되는 것이 아니라 정부나 지자체의 정책과 협력이 중요하다는 것도 알게 된다. 초등학교 고학년 이상의 아이들은 다음과 같은 노력이 필요하다는 것을 스스로 또는 함께 이야기 나누며 생각해 내고 말할 수 있다.

> - 온실가스 절감을 약속하는 정치인 선출하기
> - 휘발유나 경유 자동차보다는 전기차를 생산하기
> - 육류(소고기) 적게 먹기
> - 태양광, 풍력 등 친환경 에너지를 생산하기
> - 온실가스를 줄이기 위한 정책을 정부에 요구하기 등

6월 5일은 세계 환경의 날[21]이다. 해마다 이즈음이 되면 환경교육을 위한 자료들이 교사 커뮤니티 등에 공유되고, 교육청 등에서 환경 공모전 같은 행사를 열기도 한다. 몇 년 전 6월 5일의 일이다. 환경의 날

---

21. 1972년 6월 스웨덴 스톡홀름에서 열린 '유엔인간환경회의'에서 국제사회가 지구 환경 보전을 위해 공동 노력을 다짐하며 매년 6월 5일을 세계 환경의 날로 제정했다.

을 맞아 아이들과 환경 수업을 진행하고 환경과 관련한 포스터 그리기를 미술 교과와 연계하는 시간이었다. 아이들의 작품 활동을 둘러보던 중 재미있는 작품이 눈에 띄었다. 그 아이는 '일회용품 공장을 다 없애요!'라는 글귀를 작성하고 그림을 곁들여 포스터를 만들고 있었다.

"와! 어떻게 이런 생각을 한 거야?"

"일회용품 사용을 줄이자고만 하지 말고, 그냥 공장을 다 없애 버리는 게 좋을 것 같아서요! 종이컵 공장이랑 그런 것들 그냥 없애 버리는 게…."

지구온난화로 우리에게 닥칠 재앙을 떠올려 보면, 즉 기후위기의 심각성을 고려할 때, 무엇보다도 강력한 정책과 제도가 필요한 시점이다. 물론 사회적인 공감대와 의사소통의 과정이 선행되어야겠지만 말이다. 그리고 일회용품 공장을 없앤다든지, 생산을 멈춘다든지 하는 방법은 다소 극단적이라는 생각도 들고, 최선의 수는 아닐 것이다. 하지만 아이들은 때때로 어른들보다 혁신적인 아이디어를 곧잘 낸다. 우리는 아이들의 시선과 아이디어도 현실의 다양한 문제 해결에 도움이

생태·환경 수업 시간(4학년)

학생 활동 산출물(3학년)

될 수 있다는 것을 잊지 말아야 한다.

요즘은 그야말로 쓰레기 대란 시대이다. 생활폐기물이 과거보다 꾸준히 증가하고 있다는 것은 꼭 통계 자료를 찾아보지 않아도 체감할 수 있다. 최근에는 음식 배달이나 택배 이용 등으로 일회용품 사용이 늘었을 뿐 아니라 종류도 다양해졌다.

(연합뉴스, 2021. 7. 23)

몇 년 전 근무했던 학교에서 교실 쓰레기 과다 배출 문제가 불거지며 교실에서부터 쓰레기를 제대로 분리수거하고 쓰레기 배출을 대폭 줄여야겠다는 공감대가 생겼다. 학급별로 분리수거함을 설치하고, 이면지를 따로 모아 연습장이나 미술 재료로 재활용하고, 플라스틱 쓰레기는 미술 재료로 활용하는 등 다양한 아이디어를 활용하여 쓰레기를 줄이려고 노력했다. 하지만 문제가 제기되고 몇 주 동안 조금 줄어들었을 뿐 지속적인 실천으로 이어지지 못했다.

[환경의 날 기념 그리기]
쓰레기 섬에서의 하루(신대초 5학년 김시유)

　학교에는 쓰레기 줄이기와 같은 환경교육 관련 이슈뿐 아니라 다양하고 방대한 교육적 실천 거리가 넘친다. 교과뿐만 아니라 범교과라 칭하는 교과 외 교육 주제와 교육 내용을 교육과정에 편성하고 운영해야 한다. 교사들은 일과 시간 내 틈틈이 학생들의 학습 점검, 교우 관계 상담 등으로 시간을 쪼개 효율적으로 운영하기 위해 애쓴다. 지속적인 습관 형성이 필요한 교실 쓰레기 배출량 줄이기와 같은 실천 사항은 바른 글씨 쓰기라든지 구구단 외우기와 같은 학생들의 교과 학습 내용보다는 뒷전일 수밖에 없다. 물론 친환경 생활 습관을 형성하는 것이 학습 습관을 형성하는 것보다 덜 중요한 문제는 분명히 아니다. 그렇지만 학생이나 학부모 등 교육 수요자 개인의 입장에서는 친환경 생활과 같은 공동체적 실천이 덜 시급할 수 있다. 그러므로 개인의 노력이 조금 덜 필요하게, 말하자면 노력에 필요한 에너지를 줄이는 것이 필요하다. 다시 말해 나는 '환경을 위한 최소한의 노력'만큼은 실천할 수 있게끔 국가나 지역에서 정책과 제도가 시행되어야 한다고 생각한다. 이때는 환경을 위해 개인의 자유를 약간은 제한받을 수 있음에 함께 동의하고, 어느 정도의 불편함은 감수하겠다는 공공의 의지가 선행되어야 하는 것이 가장 중요할 것이다.

2.
나 하나부터 우리 모두가, 함께!

공감을 넘어, 책임감으로

20세기 이후 인종, 종교, 정치 갈등 또는 전쟁으로 약 2천여만 명 이상의 지구촌 난민이 발생했다. 지구 환경 문제를 이야기하다가 왜 갑자기 난민으로 화제를 전환했는지 의문이 들지도 모르겠다. 21세기 들어 새롭게 나타난 '환경 난민'에 대한 이야기를 하기 위해서다. 환경 난민 또는 기후 난민은 생태계의 파괴, 기후변화 등으로 인해 삶의 터전을 떠나야 하는 사람들을 말한다.

남태평양의 아름다운 산호초 섬 투발루라는 나라가 있다. 투발루의 주민들은 농사를 짓고, 바다에서 물고기를 잡고, 그렇게 소박하게 살아간다. 그런데 이러한 작은 섬나라가 2060년이면 완전히 사라질 거라고 한다. 지구온난화로 인한 해수면 상승 때문이다. 투발루는 작은 섬 9개로 이루어진 나라인데 이미 2개는 물에 완전히 잠겨 버렸고, 게다가 수시로 바닷물이 범람하기 때문에 농사도 짓기 어렵다고 한다.

투발루의 위기는 텔레비전 뉴스나 다큐멘터리로 이미 여러 번 소개되었으며, 4학년 국어 교과서에는 유다정 작가의 환경 동화 『투발루에게 수영을 가르칠 걸 그랬어!』를 통해 지구온난화의 심각성을 아이들의 눈으로 바라볼 수 있도록 소개하고 있다. 아이들은 이 글을 읽고 작품 속 주인공인 로자가 사랑하는 고양이 투발루를 남겨 두고 투발루 섬을 떠나는 슬픔을 함께 느낄 수 있다. 국어 수업에만 머물지 않고 생태감수성을 높이려는 교사의 의도와 노력이 조금 가미되는 것이 좋다. 로자가 고양이 투발루와 헤어지는 장면에 초점을 두어 함께 슬퍼하며 공감하는 것도 좋은 감상이지만, 투발루 섬이 물에 잠기지 않도록 막을 방법을 함께 궁리해 보는 것도 중요하다는 것이다. 로자의 바람은 투발루 섬에서 자신이 아끼는 고양이 투발루와 사는 것이므로.

"투발루 섬이 왜 물에 잠기게 되었나요?"
"투발루 섬이 더 이상 물에 잠기지 않게 할 방법은 무엇인가요?"

해수면 상승으로 수몰 위기에 처한 섬나라는 투발루뿐이 아니다. 키리바시, 피지, 몰디브 등 남태평양의 아름다운 휴양지로 알려진 나라들도 포함되어 있다. 우리는 이러한 위기를 단지 남의 나라 일로 여겨서는 안 된다. 그전에 지구온난화를 일으킨 원인이 무엇인지를 생각해 보아야 한다. 물론 그 원인은 과도한 온실가스 배출량이다. 이산화탄소, 메탄가스 등의 온실가스 배출량을 줄여야 지구온난화를 막을 수 있다는 사실은 많은 사람이 상식적으로 알고 있다. 또한 탄소 배출을 줄이기 위해 어떤 노력을 해야 하는지도 교과서를 넘어 다양한 매체를 통해 소개되고 있다.

하지만 세계에서 배출하는 온실가스 양은 국가별, 개인별로 편차가 크다. 중국의 온실가스 배출량이 전 세계 배출량의 27%나 된다고 한다. 미국은 11%, 인도는 6.6%, 유럽연합이 6.4%로 그 뒤를 잇는

다. 인구 1인당 이산화탄소 배출량으로 보면 또 다르다. 2019년 기준 인구 1인당 이산화탄소 배출량을 조사한 결과, 우리나라는 인구 1인당 이산화탄소 배출량이 세계 4등 수준이다. 그런데 자료에서 의미 있게 보아야 할 것이 있다. 온실가스를 많이 배출하는 지역과 온실가스로 인해 가장 직접적으로 생존에 위협을 당하는 지역이 일치하지 않는다는 사실이다. 2013년 보도에 따르면 당시 투발루는 1인당 일 년에 0.46t 정도의 이산화탄소를 배출하지만, 우리나라는 연간 1인당 12.5t을 배출했다고 한다. 경제와 산업 등이 골고루 발달한 소위 일부 선진국들이 환경 테러범과 같은 역할을 한 셈이다.

그뿐만 아니라 쓰레기 배출량과 종류도 소득수준에 따라 다르다. 빈곤국 주민이 버리는 쓰레기는 하루 0.11kg인 데 비해, 부유국 주민의 쓰레기 배출은 4.54kg이나 된다고 한다. 환경과 관련한 신문 기사나 방송 등 다양한 자료들을 학생들과 함께 살펴보면서 깊은 통찰로 함께 나아갔으면 좋겠다.

6학년 사회 수업에서는 미세먼지, 플라스틱 쓰레기, 빙하 감소, 사막화 등 다양한 지구촌 환경 문제를 다룬다. 지구의 주요 환경 문제를 조사하고 해결 방안을 탐색하고 환경 문제 해결을 위해 협력하는 자세를 기를 것을 성취기준에서 명시하고 있다. 학생들은 수업을 통해 지구의 다양한 환경 문제를 협력하여 조사하고, 환경 문제의 현상뿐 아니라 원인과 결과를 분석해 냈다. 환경 문제를 조사한 뒤 환경지도 만들기와 환경신문 만들기를 통해 아이들은 전 세계적으로 환경 문제가 일어나는 것을 시각화했다. 아이들은 인터넷 기사와 동영상, 환경 관련 도서 등을 스스로 찾아보면서 환경 문제의 심각성을 느끼는 것을 넘어서 환경 문제의 원인이 산업 발달뿐 아니라 사람들의 편리함 추구와 부주의함, 이기심 등에 있다는 사실도 알아냈으며 나아가 결과가 다시 원인이 되며 환경오염과 지구온난화가 가속화되는 것을 함께 분석해 냈다.

지구 환경 문제를 거론할 때 물 부족 문제도 빼놓을 수 없다. 세계의 물 부족 문제를 수업에서 다룰 때 아프리카의 여성 또는 어린이들이 물통을 갖고 몇 시간을 걸어 흙탕물을 길어 오는 등의 사진이나 영상 자료들을 많이 활용한다. 수업을 통해 물 부족으로 인해 어려움에 부닥친 사람들에 대해 알고, 물을 아껴 써야겠다는 다짐도 적어 본다. 단지 이 정도의 수준에서 배움이 끝나면 앎이 꾸준한 실천으로 이어지기는 쉽지 않다. 건강하게 살아갈 인간의 권리와 자원 사용에 대해 형평성의 관점에서 바라볼 수 있는 시간을 준다면 좀 더 깊은 성찰을 통해 실천으로 이어질 수 있다.

이탈리아의 건축가 아르투로 비토리는 마실 물을 구하기 위해 매일 수십 킬로미터를 신발도 없이 걸으며 무거운 물탱크를 나르는 아프리카의 주민들을 보면서 안개와 이슬을 모아 식수를 만들 수 있는 '와카워터'를 발명했다. 당시 아르투로 비토리는 EBS와의 인터뷰에서 다음과 같은 인상적인 메시지를 전했다.

> "오늘날 세계 어느 곳에서는 한 사람이 평균 500리터의 물을 소비합니다. 하지만 다른 곳에는 마실 물도 없지요. 그러니까 이건 공평하지 않습니다. 우리는 같은 지구에 살고 있고, 따라서 같은 근본적 자원들에 대한 권리를 나누어야 합니다. 이게 제가 하려는 일이죠. 지구는 하나입니다. 한쪽이 낭비하면 한쪽은 부족하다는 걸 잊지 말아 주세요."

'와카워터'를 처음 알게 된 것은 지구촌 환경에 대한 주제를 중심으로 교과들을 융합하여 수업 계획을 짜면서 다양한 수업 자료를 탐색할 때였다. 라이프스트로, 큐드럼, 솔라볼 등 다양한 적정기술을 활용한 물 부족 국가의 제품들을 아이들과 함께 살펴보고 이야기 나누는 시간을 가졌다. 또 아프리카에서 살게 된다면 어떤 집을 짓고 살지를 함께 그려 보고 모형으로 만들어 보며 즐겁게 수업을 했다. 이 주제로 수업을 하면서 아이들은 때로는 감사를 느끼고, 때로는 생활 습관에 대해 반성했으며, 때로는 반짝이는 아이디어로 창의력을 펼쳐 보였다. 그중 가장 주된 감정은 책임감이었다.

"늘 수도꼭지가 가까이에 있고 언제든 마시고 싶은 물이 있는 우리나라에서 태어난 것은 정말 행운이에요."

_6학년 이○○

"아프리카에서 어렵게 물을 구하고 살아가는 친구들을 생각해서 물을 아껴야겠어요." _6학년 장○○

"아프리카의 아이들도 우리처럼 건강하게 살아갈 권리가 있어요. 그리고 우리가 그걸 함께 도와야 해요." _6학년 박○○

학교에서, 마을과 지역에서, 함께

요즘은 학교와 지역사회, 마을이 밀접하게 연계하여 교육에 참여하려는 문화가 확산하고 있다. 교육의 참여 주체를 학교에서 마을, 지역사회로 확장할 뿐만 아니라, 학생들의 배움의 공간도 교실을 넘어 마을과 사회로 확장하여 체험을 통한 실제적인 배움이 된다는 점, 마을의 아이를 함께 길러 낸다는 공동체 의식의 확산으로 안전하고 따뜻한 마을과 지역의 문화를 만들 수 있다는 점 등 다양한 장점들이 널리 알려지고 성공 사례가 보급되면서 많은 학교와 지역에서 마을교육공동체를 운영하고 있다.

마을교육과정을 운영할 때 학부모, 학생의 요구사항을 반영하여 다양한 영역과 주제를 탐색하여 계획하게 되는데, 그때 마을의 역사와 생태를 관련 교과와 연계하여 교육과정을 운영하는 것도 좋은 아이디어다. 아이들은 자신이 살아가고 있는 공간에서 시간 여행을 하면서 마을의 변화와 발전의 빛과 그림자를 동시에 살펴보면서 마을의 미래 비전을 그려 낼 수도 있다.

순천시 해룡면 신대리라는 지역이 있다. 얼핏 들으면 하천과 논밭이 있는 시골 마을 주소 같지만, 이곳은 약 79만 제곱킬로미터 면적의 택지개발지구로 10년쯤 전부터 아파트와 상업시설이 들어섰다. 도시화되면서 40학급 내외 규모의 대규모 초등학교 세 개가 최근 10년 이내에 신설되었다. 그중 한 곳인 좌야초등학교 4학년 학생들과 '타임머신을 타고 우리 마을 여행'이라는 프로젝트로 배움 활동을 전개했다. 이 활동을 통해 아이들은 우리 마을의 과거 모습과 현재를 탐색하며 더 좋은 우리 마을을 위해 어떤 문제를 해결해야 하고 어떤 노력을 해야 하는지를 탐구한다.

수업 중 아이들은 모니터로 보이는 위성지도를 살펴보면서 여러 가지 변화를 찾고 유추해 냈다.

"우리 학교 주변에 정말 나무가 많았었는데, 학교를 짓고 아파트를 지으면서 다 베어 버렸어요." _4학년 정○○

"학교를 짓기 전에는 커다란 공사 차량과 회색 시멘트 가루 같은 게 있었어요."_4학년 김○○

"우리 마을은 나무를 베기 전에 공기가 더 좋았을 거예요."

_4학년 주○○

우리 동네의 2021년과 2008년의 스카이뷰[22]

---

22. 카카오맵(https://map.kakao.com/).

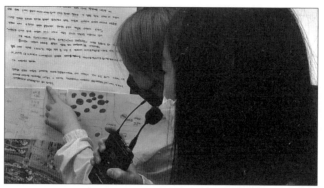
우리 마을 시간 여행(4학년 발표 모습)

생태수도로 알려진 전남 순천시는 2013년 국제정원박람회를 개최했으며 순천만 국가정원, 낙안읍성, 송광사, 2018년 세계문화유산으로 등재된 선암사 등이 유명하다. 특히 순천만이 2021년 유네스코 세계자연유산으로 등재되면서 세계자연유산과 세계문화유산을 함께 보유한 대한민국의 유일한 도시이기도 하다. 순천시의 모든 초등학교 학생들은 '순천만 생태체험학습'이라는 지역 특색교육을 경험한다. 이때 직접 관찰과 체험을 통해 우리 고장의 동식물과 자연을 배우면서 우리 고장에 대한 자부심과 자연환경 보호의 가치를 느끼게 된다. 이러한 사례를 통해 알 수 있듯 지역의 생태환경 오염을 막고 가치를 높이는 일에는 학교와 교사뿐 아니라 마을과 지자체, 시민활동가 등의 적극적인 교육 참여와 협력이 필요하다.

관찰과 토론 중심의 지역 특색교육 '순천만 생태체험학습'

프로그램명	활동 계획	장소	운영 시기
도둑게와 짱뚱어	•갯벌 저서동물의 생태와 분류, 관찰 •짱뚱어 등 어류와 십각류 관찰	와온 노월전망대 일원	4월~10월
갈대와 염생식물	•식물의 구조와 생육 환경 •염생식물의 생태와 분류, 관찰	와온 노월전망대 일원	5월~10월
철새와 먹이사슬	•철새의 종류와 생활 모습 •철새와 순천만 습지의 관계	순천만 습지	9월~10월
동천의 생태환경	•수생식물, 곤충의 생태와 분류, 관찰 •동천과 주변의 수질 환경 측정	동천고수부지	4월~5월

출처: 순천교육지원청 홈페이지

(2020. 11. 2. 전남일보)

좌야초등학교는 놀이·체험·탐구 중심의 탄력적 교육과정을 운영하며 민주시민 역량을 기르고 있는 학교이다. 좌야초는 교과 외 활동으로 학년별 선택 활동 프로그램을 교사들이 직접 개발하여 편성·운영하고 있다. 그중 하나인 지역과 연계한 생태환경 교육 프로그램(나와 환경 영역) 중 일부를 소개하면 다음과 같다. 아이들은 교과융합 프로젝트 수업을 넘어서 자신의 흥미와 관심을 고려한 선택 활동 수업을 통해 좀 더 깊이 있는 탐구와 실천을 할 수 있다.

영역	나와 환경	핵심 개념	주변의 환경과 생태보전

일반화된 지식	나는 내가 생활하는 집, 학교 및 마을을 둘러싼 자연·인문환경과 유기적인 관계 속에서 존재한다.

활동기준	[4선03-01] 집, 학교 등 삶의 공간에서 나타나는 일상생활의 모습을 탐구하여 나와 생태를 잇는 실내 환경의 관계를 이해한다. [4선03-02] 나와 생태를 잇는 생활환경이나 제품이 가진 문제와 개선 방향을 탐구하고 그 결과를 다양한 방법으로 표현한다. [4선03-03] 생활환경과 관련된 경험이나 제품을 개선하기 위한 다양한 노력을 통해 환경친화적인 태도를 삶에서 실천하는 태도를 기른다.

활동기준 해설	생태-환경-내가 연결된 유기적인 구조 속에서 내가 생활하는 실내 환경 및 내가 사용하는 다양한 생활 속 제품을 대상으로 문제점과 개선 방향을 탐구하여 그 결과를 다양한 방법으로 표현하여 환경친화적인 삶을 생활화하는 데 주안점을 둔다.

활동기준 분석	**지식**	**기능**
	• 나의 생활과 생태와의 관계 • 나의 생활(생활환경과 제품)이 환경에 미치는 영향 • 나의 생활(생활환경과 제품)에서 개선할 점 • 환경친화적인 행동	• 나의 생활과 생태 관계 이해하기 • 나의 생활환경과 사용하는 제품에서 지구를 아프게 하는 행동과 원인 찾기 • 나의 생활환경과 사용하는 제품에서 지구를 지키기 위해 개선할 점을 탐구하기 • 개선할 점을 다양한 방법으로 표현하기 • 지구와 함께 살아가기 위해 지속적으로 환경친화적인 삶 실천하기

핵심 역량	• 자아정체성탐구 역량 • 의사소통 역량 • 문제해결 역량

차시	주제	주요 활동 내용

1~2	나를 둘러싸고 있는 환경 살펴보기	• 주제 도입하기
		  – 주제 안내 및 배움 활동 구성하기
		• 나를 둘러싸고 있는 것들에 대하여
		  – 내가 숨 쉬는 공간의 모습 살펴보기
		  – 내가 하루 동안 사용하는(또는 만나는) 모든 것

3~4	나와 생태와의 관계 알기	• 나를 둘러싸고 있는 환경에 대해 이야기 나누기
		• '만약 …이 없다면 우리가 살 수 있을까' 놀이하기
		  – 물, 공기, 흙, 생물 등과 '나'와의 관계
		  – 물, 공기, 흙, 생물 등의 소중함 알기
		• (과제) 1주일 동안 내가 매일 버리는 쓰레기 조사하기
		  – 가정에서 / 학교에서

5~6	내가 만들어 내는 쓰레기 조사하기	• 우리가 버리는 쓰레기의 종류와 양 비교하기
		  – 가정에서 / 학교에서
		  – 우리가 가장 많이 버리는 쓰레기의 종류
		• 내가 버리는 쓰레기는 어디로 갈까?
		  – 늘어나는 쓰레기로 인해 발생한 문제

7~8	플라스틱 쓰레기가 지구에 미치는 영향 살펴보기	• 그림책 『플라스틱 섬』 읽어 주기
		  – 그림책 표지 보며 이야기 나누기
		• 플라스틱이 환경에 미치는 영향
		  – 알록달록 플라스틱을 먹은 바다생물은 어떻게 될까?
		  – 바다생물들의 마음 들여다보기
		  – 플라스틱이 지구에 미치는 영향 조사하기

9~10	쓰레기 줄이는 방법 탐색하기	• 쓰레기를 줄이는 방법 탐색하기
		  – 모둠별 쓰레기 줄이는 방법 찾기
		  – 모둠 보고서 작성하기
		• (과제) 방학 동안 모둠에서 정한 쓰레기 줄이는 방법 실천하기

11~12	나의 생활이 지구에 미치는 영향 알아보기	• 방학 동안 '쓰레기 줄이기' 실천 점검하기
		• 〈지구가 아파 아파〉 노래 듣기
		  – 노래 듣고 느낌 이야기하기
		  – 노랫말에서 지구가 아파 울고 있는 이유 찾아보기
		• 나의 생활에서 지구를 아프게 하는 행동 찾기
		  – 나의 행동 들여다보기
		  – 지구를 아프게 하는 나의 행동 찾기
		• 내가 사용하는 물건에서 지구를 아프게 하는 것 찾기
		  – 내가 사용하고 있는 물건 살펴보기
		  – 지구를 아프게 하는 원인 찾기

13~14	지구를 지키는 방법 탐색하기 I	• 내가 사용하는 물건에서 환경 문제를 해결할 수 있는 방법 찾기 　－ 친환경 제품 살펴보기 　－ 물건에서 바뀌어야 할 점 고민하기 　－ 아이디어 스케치하기
15~16	지구를 지키는 방법 탐색하기 II	• 지구를 지키기 위한 생각 바꾸기 　－『비닐봉지 하나가』 읽고 이야기 나누기 • 지구 환경을 지키기 위해 내가 개선할 점 탐구하기 　－ 지구를 지키기 위한 나의 행동 뒤집기
17~18	환경친화적 행동 실천으로 지구 지키기 I	• 지구와 함께 살아가기 위한 시천 계획 세우기 　－ 실천 계획 세우기 • 실천 계획 공유하기 　－ 실천 계획 점검하고 수정해야 할 부분 확인하기 • 실천 의지 다짐하기기 　－ 실천 의지 다지기
19~20	환경친화적 행동 실천으로 지구 지키기 II	•『그레타 툰베리가 외쳐요!』 읽어 주기 　－ 그레타 툰베리는 어떤 아이 　－ 그레타 툰베리가 알게 된 일 　－ 그레타 툰베리가 한 일 • 나도 환경운동가 되기 　－ 피켓 만들기 • 캠페인 활동하기 　－ 함께 소감 나누기 • 주제 마무리하기

민주의 성장 일기

"나는 친환경 생활 실천가"

얼마 전 학교에서 에코 브릭을 만드는 방법을 배웠다. 나는 오늘 에코 브릭을 만들어 보기로 했다. 투명 페트병 안에 그동안에 깨끗하게 모아 둔 플라스틱 비닐들을 밀어 넣어 전체 무게가 400g이 되도록 하는 것이다.

한 시간쯤 열심히 만들었더니 드디어 에코 브릭이 완성되었다. 완성된 에코 브릭을 보니 뿌듯했다. 앞으로도 자주 에코 브릭을 만들어서 기부해야겠다.

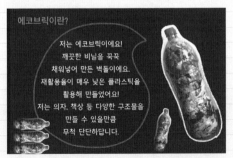

에코 브릭이란?(순천 YMCA 네이버 블로그)

5장

평화,
화목하게 살아요

평화는 힘에 의해서 유지되는 것이 아니다. 오로지 이해에 의해서 이루어질 뿐이다.   _알버트 아인슈타인

미안하기보다는
억울한
12살 민주

여는 이야기

오연희

평화 하면 떠오르는 것들을 얘기해 볼까요?

김병국

평화로운 마음, 가족의 평화, 평화통일….

조희정

전쟁이 없는 것, 폭력이나 갈등이 없는 것?

박주현

잔잔한 호수 같은 이미지도 떠오르네요.

오연희

네. 저도 선생님들과 비슷한 것들이 떠오릅니다. 평화에 교육을 붙이면 어떤가요? 평화교육이요.

조희정

평화교육은 아무래도 통일교육과의 연관성이 떠오릅니다. 또 현재 세계에서 일어나고 있는 전쟁과 갈등 상황, 테러 등과 관련한 것들이 교육 내용이 될 수 있겠어요. 그리고 교실 안에서의 갈등과 다툼을 해결하는 그러한 생활지도까지도 볼 수 있을 듯합니다.

박주현

전쟁과 난민, 남북 분단 같은 문제의 원인을 떠올려 보면 종교, 인종, 이념, 가치관과 같은 문화의 차이가 원인이에요. 개인이나 집단 간 입장이나 생각의 차이를 어떻게 화합할지, 어떻게 의사소통해서 결정할지와 같은 상호 이해를 통해 관계 맺는 것이 평화교육에서 중요하다고 생각해요.

김병국

저도 선생님들과 비슷한 맥락에서 평화를 가르친다는 것은 상호 이해를 기반으로 출발하는 것이라고 생각합니다. 개인과 개인 사이의 상호 이해를 통한 관계가 집단 간 상호 이해로 확장된다고 할 수 있어요.

오연희

우리가 전쟁의 반대 개념으로서의 평화교육만 바라보기보다는 교실 속의 개별 관계에서 출발하여 평화교육을 해야 하는 점을 시사하네요. 사람과 사람 사이의 평화로운 관계가 세계 평화를 위한 기초 공사와 같은 것인가요?

조희정

네. 그렇죠. 그래서 저는 화목하게 지내는 것에 집중하는 편이에요. 아이들끼리 다툼이 일어났을 때 적극적으로 중재하기도 하지만, 먼저 아이들끼리 서로 얘기해 보는 시간을 주면서 서로를 이해해 보도록 분위기를 만들어 주는 편이에요. 그러면 먼저 미안하다며 손을 내밀기도 하고 언제 다퉜냐는 듯 금방 풀려요.

오연희

아이들 사이에서 갈등이나 다툼은 자연스러운 것인데, 갈등이나 다툼에 죄책감을 느끼게 하면 안 되겠죠. 갈등이 생기고, 다툼이 일어날 때 그것을 어떻게 해결할 것인지가 핵심이고 그 해결 과정에서 공감과 이해를 바탕으로 소통하고 있다면 그 과정이 바로 평화교육 아닐까 생각해요.

조희정

저는 제 일과를 성찰하면서, 교사가 교육한다면서 의도치 않게 반평화적인 교육을 할 수도 있겠다는 생각이 든 적이 있어요. '우유갑을 재활용하여 무엇을 만들 수 있을까?' 아이들과 이야기하다가 딱지치기를 하면 좋겠다는 의견이 나왔어요. 딱지치기를 하는데 힘센 아이들이 딱지를 전부 땄어요. 그런데 그 이후 다른 놀이에서도 힘이 센 아이가 한참 동안 주도권을 갖게 되고, 놀이에서 이기지 못한 아이는 주눅이 들어 있었죠. 그때 아이들 관계에 평화가 깨지고 서열이 생긴 것 같아 미안한 마음이 들었습니다.

박주현

우리와 같은 자본주의, 경쟁 사회에서 서열은 어디에나 존재하는 것 같아요. 특히 우리나라는 직업에도 학교에도 서열이 있고…. 줄 세울 수 있는 것은 다 그렇게 되는 현실이죠. 거기에서 서열이 높은 권력자가 서열이 낮은 집단이나 개인에게 의도치 않게 억압을 행사하게 되는 경우가 생기곤 합니다.

무엇보다 서열이 조직이나 집단의 평화를 깨뜨리는지를 보아야 해요. 서열로 인해 평화가 깨지는지를요. 무엇이 원인이 되어 서열이 생겨났고 서열이 어떠한 불합리를 만들어 내는지를 보아야겠죠.

김병국

교실에서 아이들 수십 명이 자연스럽게 서열을 만들어 내는 조짐이 보이고, 그 서열로 인해 간접적으로라도 피해를 받는 아이들이 관찰된다면 교사가 적극적으로 개입해야 합니다. 직접적인 개입도 있겠지만 기술적인 방법으로 평화로운 교실을 위한 기반을 만들 수 있다고 생각해요. 저는 아이들 개인의 재능을 발굴하여 우리 반 왕을 정하는데요. 예를 들어 발표왕, 댄스왕, 그림왕, 달리기왕과 같이 모든 아이가 한 분야에서는 일인자가 되도록 정해요. 아이들이 직접 한 가지씩 전부 왕이 될 수 있도록 추천해서 뽑는 거죠.

오연희

학생들이 서로 평화롭게 지내게 하려면 평화가 깨지지 않기 위해 예방하려고 노력해야 해요. 교사의 아이디어와 세심한 관찰이 지속해서 필요합니다.

김병국

정리하자면, 우리는 단지 전쟁이 없고 폭력이 없는 상태를 의미하는 좁은 의미의 평화만이 아닌, 억압과 차별, 폭력이 없는 인간다운 삶을 위한 적극적 평화를 지향하자는 것이겠네요.

오연희

1.
갈등과 화해를 넘어

평화란 어떤 걸까?

『평화란 어떤 걸까?』는 하마다 게이코의 그림책 제목이다. 이 책을 아이들에게 읽어 주면서 평화를 주제로 수업을 했다. 나는 아이들에게 먼저 물었다. "평화란 뭘까요?" 아이들은 답했다.

"편안한 거요."

"안 싸우는 거요."

"행복한 거요."

"평화가 깨지면 어떤 일이 일어날까요?"

"전쟁이요."

"서로 싸워요."

"끔찍한 일이요."

"죽을 수도 있어요."

"무섭거나 슬픈 일이 일어나요."

다시 아이들에게 물었다.

"여러분은 언제 평화를 느끼나요? 언제 평화롭나요?"

"맛있는 걸 먹을 때요."

"누워서 스마트폰 할 때요."

"캠핑 가서 불멍 할 때요."

아이들과 평화에 관해 이야기를 조금 나눈 뒤 나는 아이들에게 그림책을 읽어 주었다. 그림책은 다음과 같이 마무리된다.

"평화란

내가 태어나길 잘했다고 하는 것,

네가 태어나길 정말 잘했다고 하는 것,

그리고 너와 내가 친구가 될 수 있는 것."

그림책의 마지막 부분을 아이들과 소리 내 함께 읽으며 아이들은 평화로운 교실을 위해 서로 사이좋은 친구가 되자는 약속을 했고, 나만의 평화 그림책을 만들었다.

아이들이 만든 평화 그림책(표지)

평화를 어떻게 배울까?

평화교육은 주로 통일교육과 묶어서 평화·통일 교육으로 칭하곤 한다. 평화, 통일과 관련한 성취기준이 사회과와 도덕과에 제시되어 있어서 주로 교과에서 평화로운 갈등 해결 방법, 평화통일을 위해 해야 할 일 등을 수업 주제로 다루면서 배우게 된다. 아이들은 경제, 정치, 문화 등 국가 간, 인종 간, 세대 간, 집단 간, 개인 간 다양한 갈등이 일어나는 상황을 이해하고, 이를 해결하기 위해서는 상호 공감, 이해, 의사소통, 협력 등을 바탕으로 노력해야 하는 것을 배운다. 그리고 빈곤과 기아, 전쟁과 난민, 환경오염 등 다양한 지구촌 문제들을 살펴보면서 이를 해결하기 위해 노력하는 국제기구의 활동 모습을 알아보는 등 평화를 위해 노력하고 있는 모습들을 살펴본다. 국제연합UN 및 산하 기구, 국경없는의사회, 그린피스, 엠네스티 등이 하는 일, 그리고 간디, 말랄라 유사프자이, 이태석 신부 등 평화를 위해 노력한 사람들에 대해 조사하거나 배우면서 통해 아이들은 평화의 의미뿐 아니라 평화를 위해 어떤 실천들이 필요한지 배우게 된다.

수업 시간에 통일에 대해서 배울 때는 우리나라처럼 분단을 겪었지만, 통일을 이룬 독일, 베트남의 사례를 통해 무력으로 이룬 통일과 평화적으로 이룬 통일의 장단점을 비교하면서 우리나라 통일의 방향성에 대해 함께 탐색해 본다. 그리고 평화로운 통일을 위해 우리가 노력할 일에 대해서도 함께 생각해 본다. 그뿐만 아니라 북한의 언어나 음식 등 북한 문화에 대해서도 알아보면서 다문화적 감수성을 길러 나간다.

게다가 매년 3·1절이나 현충일, 6·25전쟁일 등 법정기념일을 통해 우리나라 역사의 아픔 속에서 평화의 의미를 배운다. 4·19혁명 기념

일이나 5·18민주화운동 기념일 등 교과서나 관련 교과가 아니어도 아이들은 민주주의와 평화의 의미를 가정이나 학교에서 자연스럽게 배울 수 있다. 물론 부모와 교사의 자발적이고 의도적인 노력이 필요하다. 아이들과 조회 시간 또는 식사 시간에 역사 속 오늘이 현재에 어떤 의미를 지니는지, 이를 통해 현재의 우리가 누리는 평화에 관해 이야기를 나눌 수 있다. 또 우리 조상들이 평화를 지키기 위해 어떤 노력을 했는지와 평화가 깨지면 어떤 피해와 어려움이 생겨나는지도 배울 수 있다.

그렇다면 평화교육은 이것으로 충분할까?

앞에서 언급한 평화교육은 소극적 의미의 평화교육이다. 나는 적극적 의미의 평화교육이 절실히 필요하다고 생각한다.

노르웨이의 평화학자 요한 갈퉁은 평화를 소극적 평화와 적극적 평화로 구분했다. 소극적 평화는 테러, 범죄, 전쟁이 없는 상태, 즉 물리적 폭력이 없는 상태를 의미하지만, 적극적 평화는 문화적 폭력과 구조적 폭력이 없는 상태로 인간다운 삶을 영위할 수 있는 상태를 의미한다. 다시 의미를 좀 더 자세히 들여다보자. 문화적 폭력과 구조적 폭력에는 가해자가 없다는 점에서 간접적 폭력이다. 적극적 평화는, 다시 말하자면 사회의 문화나 구조에 의해서 생기는 피해자들이 없는 상태를 말하는 것이다.

적극적 평화의 의미를 숙고하고 난 뒤, 아이들이 지내는 교실, 우리가 속한 집단, 사회, 그리고 우리나라를 떠올려 보자. 평화로운가?

일가족이 생활고를 비관하고 자살을 한 상황을 예로 들어 보자. 서울의 한 다세대 주택에서 일가족 3명이 숨진 채 발견되었는데, 죽기 전 전기 요금과 같은 공과금을 내지 못해 월세를 깎아 달라고 집주인에게 부탁했던 일 등이 드러나 많은 사람이 안타까워했다. 이 가족은 전쟁과 같은 폭력이나 테러의 피해자가 아니다. 그렇지만 세상을 비관하고 자살을 택한 이 가족에게 평화가 있었을까?

나는 우리의 삶과 일상의 평화에 초점을 두고 평화교육을 해야 한다고 생각한다. 그러려면 모든 학생이 교실에서 인간다운 생활을 체험하도록 돕는 것에서 평화교육을 시작해야 한다. 교실에서 단지 눈에 보이는 폭력과 다툼이 없는 상태에 만족한다면 이는 교실의 소극적 평화만을 이루는 것이다. 여기서 더 나아가 학생 개개인이 각자 존재 그 자체로서 인정을 받고 신체적 특징, 성별, 가정환경, 학업성적, 재능 등에 상관없이 모두 존중받는 교실을 만들어 가려는 노력이 절실하다.

교실에서 평화를 배우고 실천하는 방법으로 회복적 생활교육을 들 수 있다. 회복적 생활교육은 관계성 향상을 통해 평화로운 공동체를 만들어 가는 과정이다. 이는 학생들의 바람직하지 않은 행동을 통제와 처벌로 지도하는 것에 대한 반성에서 나온 교육적 움직임이다. 교사와 학생, 학생 상호 간 존중과 협력, 공감과 이해를 바탕으로 학교와 교실의 문화를 조성하는 것이라고 요약할 수 있다.

회복적 생활교육은 회복적 정의를 기반으로 한다. 회복적 정의는 가해자의 처벌보다는 피해자의 치유와 회복에 더 큰 관심을 두고 피해가 회복되는 과정에서 가해자는 자신의 행동이 공동체나 개인에게 미친 피해에 대해서 책임을 통감한다. 이 과정에 공동체의 구성원이 함께 참여한다.

회복적 생활교육에서 공동체의 자연스러운 대화와 공감을 이끌어 내기 위해 서클 활동을 하게 된다. 서클 활동에서 아이들은 모두 함께 동그랗게 둘러앉아 자기 생각을 이야기하고 함께 공감하고 서로를 존중하며 대화를 이어 간다. 서로의 마음을 함께 나누는 대화의 시간이

누적될수록 아이들이 서로를 이해하는 폭과 깊이는 더욱 넓어지고 깊어진다.

회복적 공동체 활동 모습

2.
우리를 위한 한 걸음, 타인을 위한 두 걸음

차별과 혐오, 이제는 STOP!

어느 날, '이야기의 뒷부분을 상상하여 쓰기'를 주제로 한 국어 수업 시간에 있었던 일이다. 아이들과 『아기 돼지 삼 형제』, 『미운 오리 새끼』 등 익숙한 이야기들로 다양한 생각을 재미있게 나눠 보고 있었다. 그때 한 아이가 손을 번쩍 들더니 다음과 같이 발표를 했다.

"미운 오리 새끼는 이제 백조가 됐으니 새로 만난 백조 가족들과 함께 어린 시절 자기를 괴롭히던 오리들을 찾아가서 복수해요!"

『미운 오리 새끼』는 모두가 어린 시절 들어 보았던 매우 잘 알려진 안데르센의 동화다. 이 이야기에서 우리는 '미운 오리 새끼'가 미움을 받고 괴롭힘을 당할 때 함께 공감하며 측은함을 느꼈고, '미운 오리 새끼'가 아름다운 백조로 성장했을 때는 뿌듯함과 기쁨을 느꼈을 것이다. 하지만 처음부터 '미운 오리 새끼'로 대접받지 않고 '달라도 괜찮아', '우리와 다르지만, 너도 아름다워'라며 존중과 관심을 받았다면 그 '미운 오리 새끼'는 어떤 백조가 되었을까? 적어도 어린 시절 상처를 기억하고 그 상처를 대갚음하려고 생각하진 않았을 것이다. 우리는 이렇게 작은 이야기 하나로 평화교육을 시작할 수 있다.

『사라, 버스를 타다』라는 그림책은 1950년대 미국의 남부지방에서 흑인이 당했던 차별에 저항했던 '로사 팍스'라는 실제 인물의 이야기를 담고 있다. 국어 교과서에서도 실려 있어 아이들이 한 번쯤은 읽어 본 내용이기도 하다. 흑인들은 버스의 앞자리에 앉지 못한다는 법에 저항하며, 뒷자리에 앉는 법에 따르느니 차라리 걸어가겠다고 당당히 이야기하는 '사라'에게서 차별에 적극적으로 저항함으로써 변화를 만들어 내는 모습을 볼 수 있다.

『사라, 버스를 타다』 그림책(표지)

차별 금지 포스터(학생 작품)

그런데 50년이 넘게 흐른 현재도 미국에서의 인종차별 문제는 해결되지 않은 모양이다. 2020년 조지 플로이드 사건[23]으로 미국 내에서 흑인에 대한 경찰의 과잉 진압을 비판하며 시작된 시위는 미국 전역으로 확산되었다. 민주주의를 상상하는 나라 미국에서조차 계속되어 온 흑인 차별의 역사를 통해 제도적, 법적인 조치보다 구성원들의 가치관이나 인식의 전환이 더욱 어려운 일임을 실감하게 된다.

우리나라도 대상은 다르지만, 차별의 문제가 곳곳에 존재한다. 장애

---

23. 2020년 5월 25일 미국 미네소타주 미니애폴리스에서 경찰의 과잉 진압으로 비무장 상태의 흑인 남성 조지 플로이드가 사망한 사건을 말한다. 당시 경찰의 진압 과정에서 의식을 잃은 플로이드는 병원으로 이송됐으나 사건 당일 밤 사망했으며, 이에 사건이 일어난 미니애폴리스는 물론 미국 전역에서 플로이드의 죽음과 인종차별에 항의하는 시위가 확산됐다(네이버 시사상식사전).

인, 여성, 이주민, 성 소수자 등 사회적 소수자를 향한 이질감을 넘어선 혐오가 만연해 있다. 요즘은 사회적 소수자만 혐오와 차별을 경험하는 게 아니다. 때로는 혐오와 차별을 가하는 가해자였다가 피해자가 되기도 한다. 우리는 혐오와 차별의 주체와 객체를 넘나들며 오늘을 살아가는 중이다. 김지혜의 책 『선량한 차별주의자』는 미처 의식하지 못했던 우리 사회의 차별을 다룬다. 이 책을 읽으면서 '선량한 차별주의자'였던 나 자신의 의식과 말, 행동을 돌아보게 된다. 저자는 "희망을 가지세요.", "한국인 다 되었네요."와 같은 말들이 장애인, 이주민에게는 오히려 모욕적인 표현이 될 수 있다고 이야기한다. 우리가 일상에서 아무렇지 않게 생각하고 말하고 행동했던 일들이 누군가에게는 차별이 되고 혐오가 될 수 있음을 생각해 보게 한다. 다음의 대표적인 혐오용어들을 떠올려 보면 대한민국의 전 국민이 혐오의 대상이 된다고 해도 과언이 아닐 정도다.

대표적인 혐오용어들

·맘충:아이들을 버릇없게 기르는 엄마
·애비충:아이들을 버릇없게 기르는 아빠
·설명충:다른 사람들이 한 말을 굳이 어려운 용어로 설명하려 드는 사람
·진지충:사람들이 모인 자리에서 맥락에 맞지 않게 진지한 말을 계속 하는 사람
·급식충:학교에서 급식만 축내고, 급식시간이 아닌 시간에는 잠만 자다 돌아오는 학생들
·지균충-기균충:대학에서 '지역균형전형'으로 선발된 학생-'기회균등전형'으로 선발된 학생들
·좌좀충-우꼴충:좌익좀비-우익꼴통을 의미하는 용어
·담임충:담임선생님
·엄빠충:엄마와 아빠
·노인충:노인

맘충, 급식충… 벌레가 된 사람들
(헤럴드경제, 2015. 10. 14)

혐오와 차별의 대상에게는 불쾌함과 분노, 불안과 공포를 일으킬 수 있고, 더 나아가 사회적 분열이나 심각한 범죄로 이어질 수 있다. 그러므로 일상에서 가볍게 농담처럼 하던 표현이 누군가에게 상처가 되지 않았는지를 성찰하고, 차별과 혐오 표현에 맞서서 적극적으로 저항하려는 노력을 지속해야 한다.

2020년 여름, 신촌역에 걸린 '성 소수자 차별 반대' 광고가 이틀 만에 훼손되자 한 누리꾼은 이것을 '성 소수자는 당신의 혐오를 이길 겁니다'라는 사진으로 만들어 SNS에 게시했다. 시민들은 이를 빠르게 공유하며 연대해 나갔다. 이렇게 일상 속 혐오와 차별에 적극적으로 대응하며 연대해 나갈 때 평화는 더욱 가까이 다가올 것이다.

출처: Twitter/tiopp_11

포용과 연대를 넘어, 평화로 가는 길

유엔난민기구에 따르면 2020년 말 기준, 2,640만 명의 난민과 4,800만 명의 국내 실향민을 포함하여 전 세계 강제 실향민 수는 8,240만 명으로, 9년 연속 최고치를 기록했다고 한다. 이들에 대한 편견이나 오해를 깰 기회를 만들고 전 세계 난민들에게 희망을 선물한 사람들이 있다. 바로 올림픽 난민 선수단이다.

2021년 여름, 도쿄올림픽이 열렸다. 개막식 때 근대 올림픽이 처음 열렸던 그리스 다음으로 난민 선수단이 IOC의 오륜기를 들고 입장했다. 2016년 리우올림픽 때 처음으로 모습을 보인 난민 선수단은 시리아나 남수단 내전 등으로 인해 국가를 잃은 선수들이 올림픽에 출전할 수 있도록 국제올림픽위원회IOC에서 결성했다.

개막식 때 입장하는 난민 대표팀
(연합뉴스, 2021. 7. 23)

비록 노메달이었지만 올림픽 난민팀의 활약은 난민들도 세계 공동체의 일원임을 보여 주었다. 그들은 수많은 역경과 고난 속에서도 희망과 꿈을 실현할 수 있다는 것을 증명해 냈다. 이들이 이렇게 꿈과 희망, 미래를 이야기할 수 있었던 것은 세계 시민인 우리의 평화 의지가 있었기 때문이다. 유엔난민기구 대변인 스티븐 패티슨은 이렇게 말했다.

> "난민 선수들이 원하는 것은 대단히 특별한 것이 아닙니다. 난민 선수들은 그저 여느 선수처럼 훈련받고, 대회에 참여하며 마음껏 기량을 펼칠 수 있기를 원하고 있습니다."

'대단히 특별하지도 않은 것'을 누리지 못하는 사람들을 함께 포용하고 그들과 연대하려는 노력이 필요하지 않을까?

2021년 여름, 아프가니스탄 탈레반이 무력으로 국가를 장악하면서 수많은 아프가니스탄 난민이 발생했다. 탈출에 목숨을 걸고 미군 수송기 바퀴 등에 매달렸다가 비행기가 이륙하자 시민들이 추락하는 모습이 언론에 공개되면서 세계가 충격에 빠지기도 했었다. 요즘은 아프가니스탄 난민 수용 문제로 우리나라 국민의 찬반 의견이 엇갈리는 모습도 보인다. 보이텔스바흐 합의의 원칙[24] 중 '논쟁성 재현의 원칙'에 따라 아프가니스탄 난민 수용 문제를 교실에 그대로 가져와 아이들이 찬반 토론을 벌였다. 다음의 표는 난민 문제를 포함한 지구촌 갈등 문제를 6학년 2학기 교과융합 프로젝트 수업에서 다룬 사례다.

---

24. 1976년 서독의 보수 및 진보 정치교육학자들이 토론 끝에 정립한 교육 지침으로, ▷강제성의 금지, ▷논쟁성의 유지, ▷정치적 행위 능력의 강화 등을 골자로 한다(네이버 시사상식사전).

프로젝트 주제명: 우리가 가꾸는 평화로운 지구촌

교과 및 학습 주제	성취기준	차시	주요 활동 내용	관련 교과 역량
[사회] 지구촌에서는 왜 갈등이 일어날까?	[6사08-03] 지구촌의 평화와 발전을 위협하는 다양한 갈등 사례를 조사하고 그 해결 방안을 탐색한다.	1 /17	• 지구촌의 다양한 갈등 원인 알기	비판적 사고력
[사회] 지구촌의 난민 문제		2~3 /17	• 지구촌 난민 알기 • 난민이 생겨나는 여러 가지 이유 알아보기	비판적 사고력
		4 /17	• 난민 발생국과 수요국 알아보기 • 난민 지도 그려 보기	정보활용 능력
[사회] 우리는 난민을 수용해야 할까?		5~6 /17	• 우리 역사에서 난민 찾기	문제해결력 및 의사결정력
[국어] 우리는 난민을 수용해야 할까?	[6국03-04] 적절한 근거와 알맞은 표현을 사용하여 주장하는 글을 쓴다.	7~8 /17	• 난민 수용을 주제로 주장하는 글쓰기 및 토론하기	의사소통 역량
[도덕] 지구촌 문제를 해결하기 위한 회의하기	[6도03-04] 세계화 시대에 인류가 겪고 있는 문제와 그 원인을 토론을 통해 알아보고 이를 해결하고자 하는 의지를 가지고 실천한다.	9~10 /17	• 지구촌의 다양한 문제의 원인과 해결 방법 토의하기	도덕적 공동체 의식
[사회] 국제기구와 국가들의 노력	[6사08-04] 지구촌의 평화와 발전을 위해 노력하는 다양한 행위 주체의 활동 사례를 조사한다.	11 /17	• 지구촌의 갈등 해결을 위한 국제기구와 국가들의 노력 조사하기	정보활용 능력
[사회] 지구촌 평화와 발전을 위한 비정부기구	[6사08-06] 지속가능한 미래를 건설하기 위한 과제를 조사하고, 세계시민으로서 이에 적극 참여하는 방안을 모색한다.	12 /17	• 빈곤과 기아 퇴치, 문화적 편견과 차별 해소 등 지구촌 평화를 위한 비정부기구 만들기	창의적 사고력

[미술] 마음을 움직이는 캠페인 자료 제작하기	[6미02-03] 다양한 자료를 활용하여 아 이디어와 관련한 표현 내용을 구체화할 수 있다.	13~14 /17	• 비정부기구 홍보 자료 만들어 캠페인 활동하 기(공익광고 만들기)	시각적 소통 능력
[음악] 지구촌 평화를 위한 노래 만들기	[6음01-03] 제재 곡의 노랫말을 바꾸 거나 노랫말에 맞는 말붙임새로 만든다.	15~16 /17	• 가락의 특징을 살려 '지구촌 친구' 노래 부 르기 • 지구촌 평화를 주제로 노랫말 바꾸어 노래 불러보기	음악적 창의·융합 사고 역량
[사회] 세계시민으로서 갖춰야 할 태도	[6사08-06] 지속 가능한 미래를 건 설하기 위한 과제를 조사하고, 세계시민 으로서 이에 적극 참여하는 방안을 모 색한다.	17 /17	• 세계시민으로서 우리 가 할 수 있는 일 실천 하기	의사소통 및 협업 능력
사회 9시간, 국어 2시간, 도덕 2시간, 미술 2시간, 음악 2시간				총 17차시

이제는 평화를 인간이라면 당연히 누려야 할 권리의 영역, 즉 인권으로 포함하려는 노력이 필요하다. 인권의 영역은 민주주의가 발전할수록 진화해 왔는데, 1세대 인권은 시민적·정치적 권리, 국가 권력으로부터 자유로울 권리를 의미하며, 2세대 인권은 경제·사회·문화적 권리, 인간다운 삶을 위한 최소한의 조건을 의미한다. 3세대 인권은 인류를 하나로 묶어 주는 연대권을 의미한다. 즉. 공동체에 대한 연대 책임이 강조된 개념이다.

우리가 지금 누리는 권리는 수많은 사람이 목숨과 바꿔 가면서 얻은 권리들이다. 또한 타인의 삶은 나 자신의 삶과 무관하지 않으며 지구촌의 많은 사람이 인간다운 삶을 누릴 때 나의 인간다운 삶도 존중받을 수 있다. 그러므로 사회적 약자와 평범한 일상을 억압받는 무수한 타인들이 그들의 권리를 누릴 수 있도록 함께 도와야 하며, 그들을 돕는 일이 조금 불편하더라도 감수할 수 있는 용기, 즉 연대의 힘을 발휘하는 것이 평화를 실천하는 길이다.

민주의 성장 일기

"지구촌 평화를 위해"

음악 시간에 <지구촌 친구>라는 노래를 배우고 나서 평화를 주제로 가사를 바꾸어 부르는 활동을 했다. 우리는 노랫말을 바꾸고 율동을 만들어 발표했다. 우리 모둠은 발표 시간에 가장 잘한 모둠으로 뽑혔다. 선생님께서 원래 노랫말보다 더 좋은 노랫말이 되었다고 칭찬해 주셨다. 평화로운 세상을 위해!

♩♪ 얼굴 색깔 달라도 모두가 소중한 친구

아시아 아프리카 어디에 있든지

다 함께 서로 웃고 지내자. 지구촌 평화를 위해

힘들 땐 서로 돕고 지내자. 우리도 함께 도울게. ♪♬

6장

인권,
사람답게 살래요

아무것도 모르는 사람이라도 선천적으로 자유롭게 태어났다
는 것을 부인할 만큼 어리석을 수 있는 사람은 없다. _존 밀턴

어른이 되고 싶은
14살 민주

여는 이야기

박주현

저는 민주시민으로서 가장 중요한 건 인권이라고 생각해요. 오늘은 '인권'에 대한 이야기를 나눠 봅시다.

김병국

인권에 관해 이야기할 때, 「헌법」이 빠질 수는 없습니다. 「헌법」 제10조에는 "모든 국민은 인간으로서의 존엄과 가치를 가지며, 행복을 추구할 권리를 가진다. 국가는 개인이 가지는 불가침의 기본적 인권을 확인하고 이를 보장할 의무를 진다."라고 명시되어 있어요. 즉 인권이란 한 인간으로서 누구나 사람답게 살아갈 수 있는 최소한의 권리를 의미하는 것이 아닐까요?

오연희

「세계인권선언」도 제3조와 제19조에서 "모든 사람은 생명과 신체의 자유와 안전에 대한 권리를 가진다." 그리고 "모든 사람은 의견의 자유와 표현의 자유에 대한 권리를 가진다."라고 명시함으로써 인권의 중요성을 강조하고 있습니다.

맞아요. 인권이 인간의 가장 기본적인 권리라는 점은 누구도 반박할 수 없어요. 그만큼 중요하기 때문에 지금 우리가 당연하게 누리고 있는 인권을 위해 과거 수많은 사람이 투쟁하고 목숨 걸고 싸워서 지켜 냈던 것이죠.

조희정

우리나라도 「헌법」에 명시했지만, 1987년 6월 항쟁 이전까지는 '경제발전', '국가안보'라는 명분으로 외면당하다가 박종철 군 고문치사 사건을 계기로 각계각층에서 인권 문제에 관심을 보이기 시작했어요. 그 후 수많은 사건을 겪으면서 1990년대 후반부터 우리나라도 인권정책에 본격적인 변화가 나타났고, 1999년 5월 「국가인권위원회법」을 제정하면서 지금의 인권이 확립되었다고 봐요.

오연희

「헌법」과 「세계인권선언」에도 명시되었듯이 모든 국민은 인권을 보장받는다고 했는데, 우리나라 청소년들의 인권은 어떻게 생각하세요?

박주현

청소년 인권 역시 예전과는 많이 변화되었어요. 학생들의 인권을 보호하기 위해 2010년 경기도교육청을 시작으로 광주(2011), 서울(2012), 전북(2013)이 「학생인권조례」[25] 를 제정해서 시행하고 있으며, 다른 교육청에서도 제정을 위해 각계각층과 타협 중이니까요.

조희정

---

25. 대한민국 학생인권조례는 학생의 인권이 학교교육과정에서 실현될 수 있도록 함으로써, 학생의 존엄과 가치 및 자유와 권리를 보장하기 위해 제정된 대한민국 각 교육청의 조례이다(위키백과).

박주현

맞아요. 그런데 청소년 인권행동 '아수나로'가 진행한 실태 조사에서 '몸선이 드러나서 야하다'는 이유로 묶음 머리를 금지한 울산의 한 여중생 사례가 공개되면서 논란이 된 적이 있었어요. 어쩌면 학교에서 '자유권'에 해당하는 '표현의 자유'와 '의견의 자유'를 침해당하고 있는 것은 아닐까요? '학생답지 못하다', '공부에 방해된다'는 이유로 말이에요.

조희정

'자유권'은 초등학생보다는 중·고등학생에게 더 냉혹한 것으로 보여요. 실제로 통계에서도 초등학생의 경우 학교에서 '자신들의 의견을 잘 반영한다' 77.7%, '교칙이 엄격하다'에는 64.7%가 답변했지만, 중·고등학생의 경우 '자신들의 의견을 잘 반영한다'는 72.3%, '교칙이 엄격하다'는 67.2%로 초등학생들보다 부정적이었어요. 또한 '교칙이 엄격하다'라는 항목에는 종합적으로 '그렇다'는 의견이 2014년 조사 결과의 65.6%에 비해 15% 증가한 80.6%로 나왔더라고요.

김병국

아무래도 중·고등학생들은 자아정체성을 확립해 나가는 시기로 주변 환경에 많은 영향을 받기 때문 아닐까요. 그래서 학교에서는 '학교생활 규정'을 통해 안전하게 학교생활을 할 수 있도록 질서를 유지하고 학습 분위기를 조성하기 위한 생활 규정을 만들어서 학생들의 '자유권'을 제한할 수밖에 없는 게 아닐까요.

조희정

저도 지나친 '표현의 자유'는 학습 분위기를 흐트리고 학생들의 탈선을 조장할 수 있다고 생각해요. 하지만 몇몇 학교 생활 규정은 학생들을 '학생다움'이라는 틀에 맞추기 위해 만들어진 듯해요. 그리고 지키지 않으면 벌점이나 체벌을 가하고, 예외 상황이 발생하면 오히려 '학생다움'이라는 틀에 맞추기 위해서 규정을 어기도록 강요되는 예도 있어요. 실제 제가 중학교 때 친구의 머리카락 색이 밝은 갈색이었는데 선생님들에게 염색했다고 지적을 많이 당했어요. 그래서 오히려 그 친구는 검은색으로 염색을 하고 다녔어요. 그 후 제 친구는 한 번도 선생님들에게 지적을 당한 적이 없었어요. 분명 학업에 방해되기 때문에 염색을 금지하는 규정을 둔 것처럼 보이지만, 실제로는 외적인 '학생다움'을 위한 규정이 아니었느냐는 생각이 듭니다.

오연희

물론 외적인 모습으로 학생답지 않다고 단정 짓는 건 잘못이죠. 하지만 상황에 따라서는 생활 규정이 엄격할 필요가 있다고 봐요. 예를 들어 청소년 범죄가 자주 발생하는 우범지역 같은 경우 학생의 '자유권'보다는 '안전'이 중요하다고 생각하거든요. 요즘 학생들은 복장이나 차림새가 과거에 비해 자유롭기 때문에 학생인지 아닌지 구별할 수 없을 때가 종종 있어요. 전에 비해 청소년 대상으로 한 범죄도 증가하고 있고요. 따라서 가정, 학교, 사회는 청소년들을 위험으로부터 안전하게 보호해야 할 의무가 있기 때문에 어느 정도의 규제는 필요하다고 봅니다.

박주현

두 분의 선생님 말씀 모두 다 맞아요. 민주시민으로서 '자유권' 행사하는 것은 당연하지만, 청소년의 안전을 위해서 어느 정도의 규제를 할 수밖에 없을 수도 있겠네요. 그럼 이번에는 또 하나의 '자유권'인 '의견의 자유'에 대해서 이야기해 보고 싶어요.

오연희

시·도교육청마다 조금씩 다르긴 하지만 「학생인권조례」에도 학생은 자신에게 영향을 미치는 문제에 대해 자유롭게 의사를 표현할 수 있는 권리를 명시하고 있어요. 그리고 청소년들의 의사결정을 위한 '표현의 자유'에 대한 의식, 강한 긍정의 비중도 지속해서 높아지고 있습니다.[26] 그에 반해 우리 사회는 여전히 청소년의 의사결정 능력이 부족하다고 생각하는 편입니다.

박주현

어떤 면에서 학생들의 '표현의 자유'나 '의사의 자유'에 대한 권리가 침해당하고 있다고 생각하세요?

김병국

요즘은 학교 자치활동[27]이 중요시되면서 학교 구성원[28]들이 함께 의논하며 학교의 중대한 사항을 민주인 타협을 통해 결정하는 혁신학교들이 많아졌어요. 하지만 일부 학교에서는 아직도 형식적으로만 진행될 뿐 학생들의 의견이 잘 반

---

26. 통계청(2021. 5. 25). 2021 청소년 통계. 표현의 자유에 대한 강한 긍정: (2014) 49.5% → (2020) 60.6%.
27. 「교육기본법」 제5조, 학교 운영의 자율성은 존중되며, 교직원·학생·학부모 및 지역 주민 등은 법령으로 정하는 바에 따라 학교 운영에 참여할 수 있다.
28. 학생, 학부모, 교원.

영되고 있지 않아요. 민주시민으로서 필요한 역량 중 하나가 주변에서 일어나는 문제나 갈등 상황을 서로 대화와 토론을 통해 해결 해나가는 과정인데, 우리 청소년들은 입시와 진로 때문에 기회를 놓치는 경우가 있어 안타깝습니다.

조희정

저도 김 선생님 말씀에 동의합니다. 그런데 약간 조심스러운 부분이 있어요. 청소년기는 아무래도 자신의 이념이나 정치적 의향을 구체적으로 완성하기 전이라서, 교사나 어른들의 사상이나 정치적 이념을 자신의 것인 양 받아들이거나 이용당하기 쉽다는 염려도 무시할 수는 없어요. 올바른 이념이나 사상을 판단하고 확립하기 위해서는 학교의 역할이 중요하다고 생각하지만, 정치적 중립의 의무를 지는 교사 입장에서는 어디까지 학생들에게 가르쳐야 하는지 조심스럽다는 거죠.

오연희

민감한 부분인 건 사실이에요. 그렇다고 교사인 우리가 손을 놓고 있을 수만은 없는 것 같아요. 그렇기에 더 교육이 필요합니다. 정치적인 이념을 가르치는 것이 아니라 타인과 함께 살아가는 공동체 안에서 서로의 의견을 존중하고 토의, 토론을 통해 의견을 절충하고 스스로 의사결정을 할 수 있는 기회를 제공해야 한다고 생각해요.

김병국

TV 교육 프로그램[29]에서 인권교육의 필요성에 대한 것을 봤는데, "'학생다움'보다는 '인간다움'을 먼저 가르쳐야 한다."라는 말이 기억에 남았어요. 이제는 3R(읽기, 쓰기, 셈하기)이 아니라 4R을 가르쳐야 한다. 즉 3R에 권리(Rights)를 포함해야 한다는 거죠. 우리 학생들이 '인간다움'을 지닌 사람이 되기 위해 타인과의 관계 속에서 자신의 의견을 표현하면서도 서로의 존엄성과 권리를 존중하고 공존하며 살아갈 수 있도록 가르쳐야 할 것 같아요.

박주현

선생님들 말씀처럼 학생들의 '자유권'은 민주시민으로서 기본적으로 보장받아야 할 권리이므로 자발적으로 자기 의사를 표현할 수 있도록 기회를 제공하는 것이 중요하다고 생각합니다. 그리고 권리 행사뿐만 아니라 민주시민의 의무와 책임감도 함께 느낄 수 있도록 가정, 학교, 사회 구성원 모두가 존중하고 지지해 주어야 할 것 같아요.

---

29. EBS 미래교육플러스, 〈삶을 위한 공부, 인권 수업〉.

1.
선생님, 왜 저희는 화장하면 안 돼요?

"민주야 너 눈! 아이섀도는 안 된다고 했지? 자꾸 이러면 정말 학생부로 보낸다."

"저 안 했어요. 선생님. 원래 제 피부색이에요."

"학생부 갈까? 아니면 가서 지우고 올래?"

"지우고 올게요."

학년 부장이었을 때 내 책상에는 늘 화장을 지우는 클렌징폼과 로션이 비치되어 있었다. 학교생활 규정을 어기고 화장을 한 학생이 보이면 바로 지우도록 지도하기 위해 사다 놓았다. 하지만 그것도 잠시뿐. 분명 전 시간에 화장을 지웠던 학생이 종례와 동시에 짙은 메이크업을 한 채 하교했다. 아무리 지도를 해도 그때뿐 반복의 연속이었다.

단골로 걸리던 학생 중에는 피부에 자극이 없고 깨끗하게 지워지는 클렌징 제품을 소개해 주기도 했다. 그나마 다행인 건 처음엔 화장을 지우지 않겠다고 저항하던 학생도 나중엔 별다른 저항 없이 나와 눈이 마주치면 내 책상 위의 클렌징폼을 가져가서 지우고 왔다.

그런데 얼마 전에 종영한 드라마 〈여신 강림〉을 보면서 충격에 빠졌다. 여주인공은 못생긴 외모 탓에 왕따를 당하다 화장 기술을 열심히 연습해 여신이 된 모습으로 등장한다. 그 후 자신감을 찾아 친구들도 사귀게 된다. 그뿐만 아니라 남자 주인공은 귀에 피어싱을 여러 개 착용한 채 등장한다.

다른 학생들도 마찬가지로 각자의 개성을 표현하는 데 주저함이 없었다. 드라마 속 모습만이 아니다. 요즘 TV에 나오는 우리 학생들 또래의 아이돌 가수들도 모두 화려한 모습이다. 이렇게 우리 학생들이 쉽게 접할 수 있는 미디어 매체 속 청소년들은 너무나 자유로웠다. 만약 내가 근무하는 학교 학생들이었다면 모두 학교생활 규정 위반으로 교내봉사 처벌을 받았을 것이다.

21세기를 살아가고 있는 현실 속 청소년들의 모습은 어떨까?

지금의 학교생활 규정은 나의 학창 시절인 1980~1990년대와 거의 달라진 모습이 없다. 그때나 지금이나 학교생활 규정은 규제가 많고 엄격하다.

나는 어땠을까? 학창 시절의 나도 외모에 관심이 많았다. 그래서 선생님들 눈을 피해 화장도 하고 다녔다. 물론 지금처럼 색조 화장까지는 아니었지만 나와 내 친구들은 성인용 파우더 대신 분홍색 케이스에 들어 있던 압축 베이비파우더를 얼굴에 바르고 다녔다. 그리고 동네 약국들을 다 뒤져 붉은색 체리 맛 립밤을 구해서 립스틱 대용으로 바르고 다녔다. 그땐 바르면 입술 색이 변하는 립밤 역시 규정에 어긋나는 시절이었다.

이랬던 내가 교사가 된 후 '학생이 무슨 화장을! 학생은 학생답게 단정해야지 말이야!'라는 생각으로 지도를 하고 있다니 '개구리 올챙이 적 생각 못 한다'라는 말이 딱 맞다.

학생다움이란?

길을 가다가 맞은편에서 분명 학생처럼 보이는데 짙은 화장을 하고 지나가는 사람을 보면 나도 모르게 '어? 분명 학생 같은데… 나중에 뭐가 되려고.' 하며 인상을 찌푸리곤 했다. 단지 내 옆을 지나갔을 뿐인데 나는 불량 학생으로 낙인찍고 부모나 교사의 속을 꽤 썩이면서 문제를 일으키고 다닐 거라고 단정 지었다.

그렇다면 '학생다움'이란 무엇일까?

흔히 '학생다움'이란 염색이나 파마를 하지 않은 단정한 머리 스타일과 화장기 없는 순수한 얼굴로 깔끔하게 교복을 입고 학교에서 교사의 말을 잘 들으며 공부를 열심히 하는 모습을 떠올린다.

기성세대들이 말하는 '라떼'를 외치며 말이다.

"나 때에는 화장에 '화' 자도 몰랐다. 너네도 '학생답게' 공부를 열심히 해야 좋은 대학 가고 좋은 직장을 얻을 수 있다. 성공한 사람들을 봐라. 다들 학창 시절에 다른 것에 신경 쓰지 않고 공부만 열심히 해서 성공한 거야."

그리고 "어른 되면 하고 싶지 않아도 지겹게 하게 된다. 그러니 지금은 '학생답게' 하고 다니는 것이 제일 이쁘다."라고 덧붙인다. 그러고는 '학교생활 규정'을 통해 머리끝에서부터 발끝까지 모든 것을 규정한다.

다음의 학교생활 규정은 많은 학교에서 실제 시행하고 있는 내용 일부분을 가져온 것이다. 대부분의 학교생활 규정은 '~하면 안 된다'라고 끝이 난다. '~을 해야 한다'로 끝나는 규정도 부정적인 의미가 더 많다. 그뿐만 아니라 21세기를 살아가는 현실과 맞지 않는 규정들도 많이 있다.

2021학년도 학교생활 규정

- 염색은 전면 금지, 파마는 C컬 등 약간의 파마만 허용한다.
- 틀어 올린 머리, 원·투 블록 컷은 허용하지 않으며, 지나치게 큰 머리핀이나 머리끈은 일절 금한다(검은색 실 핀이나 머리끈은 허용).
- 교복 착복 시 허리는 속옷이나 맨살이 드러나지 않아야 하며, 치마는 변형하여 입지 않는다.
- 여학생의 치마 길이는 끝단이 무릎의 상부까지 내려와야 하며, 몸에 달라붙지 않아야 한다.
- 규정된 카디건과 치마와 바지는 선택하여 착용할 수 있다(카디건 색은 검은색, 회색만 허용).
- 실외에서 추위에 대비한 외투는 학교 울타리 밖에서 허용하나 교복을 입은 뒤 위에 걸쳐야 한다.
- 동절기에는 셔츠와 넥타이를 대신하여 목 티 착용 허용한다(단 검정·회색·흰색 계통).
- 문신, 피어싱, 매니큐어, 네일아트, 인조손톱 등 전면 금지한다(단 피어싱은 귀의 경우, 제한적으로 허용하며 다른 신체의 경우는 전면 금지한다).
- 화장을 금지하며 입술 보호용 립글로스는 무색이어야 한다.
- 귀걸이, 목걸이, 반지, 팔지 등 모든 장식물은 금한다.
- 가방은 학생 신분에 맞는 검소한 것으로 학생용 가방을 사용한다.

대표적으로 교복이 그러하다. 우리나라에서 교복을 입기 시작한 것은 개화기 학당에서부터였다. 1983년 한때 교복이 자율화되면서 교복 대신에 자유복을 착용하기도 했었다. 자유복을 입으면서 자율성 있는 민주시민 자질 형성에 도움이 되었다는 긍정적 평가를 받기도 했으나, 자유복 구매로 인한 가계 부담 증가와 학생들 간 지나친 소비 경쟁의 부작용을 가져온다는 의견도 많았다. 학교에서는 생활지도가 어렵다는 고충도 토로했다. 이에 1985년 교복 자율화 보완조치 발표 후 1986년부터 다시 교복을 입기 시작한 학교가 증가하면서 현재는 전국 대부분의 중·고등학교에서 교복을 입고 있다.

교복은 대표적으로 학생 신분임을 증명하는 상징으로 교복을 입는 것만으로도 행동과 언행을 조심하게 하는 효과로 탈선을 방지할 수 있다는 장점이 있다. 또 학생들 간의 빈부격차로 인해 일어날 수 있는 갈등을 해소하고, 성장기 학생들이 편하게 입을 수 있다. 그런데 이러한 교복이 교사와 학생들 간에 갈등을 유발하는 주범으로 전락하고 있다.

"학생들이 교복 입은 모습을 보면 이해가 안 되는 부분이 많아요. 여학생들의 블라우스 같은 경우 너무 타이트해서 단추가 잠기기는 하는지 모르겠어요. 학생들은 블라우스보다 더 큰 면티를 입고 단추를 모두 개방하고 다니는데 단정하지 못하다는 생각이 들어요." _○○중학교 A 교사

"수업 중에 눈을 어디에 둬야 할지 모르겠어요. 학생들 말로는 치마 속에 반바지를 입었다고는 했지만 얼마나 짧은지 앉아 있으면 치마가 올라가서 입었는지 안 입었는지

구분도 안 돼요. 여교사인 저도 민망한데 남교사들은 어쩔지…."_○○중학교 B 교사

"저희도 교복에 대해서 할 말이 무척 많아요. 분명 교복 가게에 가서 제 사이즈에 맞게 구매했는데 막상 입어 보면 너무 작아요. 블라우스 같은 경우 팔을 올리면 배꼽이 다 보여요. 그렇다고 큰 사이즈를 사면 되는 거 아니냐고 말하는데 교복도 '핏'이 중요하잖아요. 게다가 분명 제 사이즈이고요. 그런데 학교에 오면 선생님들이 일부러 교복 작은 거 산 거 아니냐며 저희를 나무라세요."_△△중학교 A양

"전 교복이 오히려 학생답지 않은 거 같아요. 저는 편하게 입고 싶은데 처음부터 블라우스는 짧고 허리 라인은 깊게 들어가 있어요, 치마는 너무 꽉 껴서 몸매가 다 드러나요. 신축성이 없어서 점심 먹고 나면 옷이 너무 꽉 껴서 숨이 찰 때도 있어요. 마치 중세 시대 코르셋 같아요. 치마 대신 바지를 입으면 되지 않냐고요? 저도 바지 입고 싶죠. 그런데 바지를 입으며 주위 시선이 더 부담스러워요. 혹시 다리에 흉터라도 있냐, 아님 성 소수자냐 등등."_△△중학교 B양

"남학생 상의는 그래도 여학생보다 편하다는 것은 인정해요. 하지만 저희 남학생 상의도 신축성이 없는 건 마찬가지예요. 분명 교복은 학생들이 활동하기 편하게 만들어졌다고하는데 너무 뻣뻣해요. 바지는 더 심해요. 조금만 큰 동작을 했다 하면 바로 찢어져요. 저는 두 번이나 민망한 부분이 찢

어져서 난처했던 적이 있었어요." _△△중학교 C군

2000년대 전까지는 몇몇 학생들만 교복을 변형시켜 입었다. 하지만 2000년대 들어 인기 연예인들이 교복 광고에 나오기 시작하면서 교복 시장이 달라지기 시작했다. 교복 회사들은 '단정함'보다는 '핏'을 강조하며 학생 고객을 유치했고 교복은 더 타이트해지고 짧아졌다. 그렇다 보니 많은 학생은 자신들의 의사와는 상관없이 몸매가 드러나는 불편한 교복을 입게 되었다. 2015년에는 모 연예인이 출연한 교복 광고에서 '코르셋' 등의 문구와 몸매가 강조된 교복을 입은 아이돌의 모습이 선정적이라며 경기도교육청 소속 일부 보건 교사들이 문제를 제기하기도 했다. 어른들의 상업적 이익을 위해 학생들을 이용한 것일 터이다.

이렇듯 교복 문화는 바뀌었지만 많은 학교는 여전히 과거에 머물러 1980~1990년대 '학교생활 규정'을 고집하고 있다.

> • 교복 착복 시 허리는 속옷이나 맨살이 드러나지 않아야 하며, 치마는 변형하여 입지 않는다.

위 규정을 지키려면 기성 교복이 아닌 맞춤 교복점에 가서 비싼 교복을 맞춰야 할지 모른다. 물론 아직도 맞춤 교복점이 있다면 말이다.

> • 실외에서 추위에 대비한 외투는 학교 울타리 밖에서 허용하나 교복을 입은 뒤 위에 걸쳐야 한다.

학창 시절을 떠올려 보면 알 것이다. 동복 외투가 두껍기는 하지만 보온효과가 거의 없다는 것을 말이다. 요즘은 겨울에 교실마다 난방시설이 잘되어 있기는 하나 여전히 교실 안에서 동복 외투만 입고 있기에는 춥다. 학교 밖에서도 다른 외투 속에 동복 외투를 입기에는 너무 두껍고 활동하기가 불편하다. 그 밖에 카디건과 목 티를 허용하지만, 색이 지정된 경우가 많아서 지정된 색이 없을 때는 새로운 옷을 사야 하는 경우도 생긴다. 왜 검은색은 되는데 파란색은 안 되는 것일까? 파란색이라고 해서 단정하지 않은 것은 아닌데 말이다.

일부 학생들은 불편하고 규제가 많은 교복에 대한 불만을 '교복 개선 요구', '교복 자율화', '교복 폐지'라는 내용으로 대한민국 청와대 국민청원에 의견을 올리기도 했다. 어느새 교복은 학생을 위한 의복이 아니라 불편하고 거추장스러운 옷이 되어 버린 것이다.

그래도 최근에는 교복에 대한 인식이 변하고 있다. 학교자치회에서 학교 구성원들이 회의를 통해 하복은 반팔 티에 반바지로, 동복 역시 두껍고 불편한 외투 대신에 후드 점퍼를 선택하고 있다. 학생들의 개성을 반영하면서 실용적이고 편안한 교복들로 바뀌고 있다.

'학교생활 규정'은 학생들을 억압하고 통제하기 위해서 만드는 규정이 아니다. 말 그대로 학생들이 학교라는 공동생활을 하면서 서로가 배려하며 지켜야 할 규칙과 학생들의 안전을 위해 만들어진 규정이다.

학생 인권이 우선? 안전과 학습권이 우선?

2010년 경기도를 시작으로 서울, 광주, 전북, 경남교육청에서는 「학생인권조례」를 제정했다. 학생들은 복장, 두발 등 용모에 관해서 자신의 '개성을 표현 권리'와 외모뿐 아니라 자신의 의사를 표현할 수 있는 '의사 표현의 자유'라는 '자유권'을 갖는다는 내용이 포함되어 있다. 하지만 여기에는 교육청마다 조금씩 다르기는 하지만 "정당한 사유가 있는 경우 학교 규칙으로 제한할 수 있다."라는 조항이 추가되어 있다.

「학생인권조례」가 제정된 이후 몇몇 학생들은 학교를 상대로 자신들의 개성을 실현할 수 있도록 두발과 복장을 자유롭게 해 달라고 국가인권위원회(이하 인권위)에 제소했다. 이에 인권위에서는 "학생은 자신의 개성을 실현할 권리를 갖고 학생의 의사에 반하여 복장, 두발 등 용모에 대해 규제하여서는 안 된다."라고 학생의 손을 들어주었다. 또한 학생 인권 관련 토론회 전단지를 배포했다는 이유로 징계 처분한 학교에 대해서도 인권위는 '표현의 자유를 침해했다'라고 판단했다.

이와 반대로 몇몇 지자체에서는 「학생인권조례」 제정을 반대하고 있다. 학생들의 '자유권'에 대해서 안전과 학습권을 해칠 수 있으며 학교의 미풍양속을 해칠 수 있다는 이유로 반대하고 있다.

그렇다면 학생 인권이 우선일까, 안전과 학습권이 우선일까?

「대한민국 헌법」 제10조[30]와 「교육기본법」 제2조[31]는 민주시민으로서 모든 국민은 개인이 가지는 기본적인 인권을 보장해야 한다고 명시하고 있다. 이를 통해 「학생인권조례」와 관계없이 「헌법」과 「교육기본법」만 보아도 개인의 인권이 우선되어야 함을 확인할 수 있다. 이렇게 보면 학생 인권이 우선이 아닐까? 물론 그것이 학생의 안전을 위협하

---

30. 모든 국민은 인간으로서의 존엄과 가치를 가지며, 행복을 추구할 권리를 가진다. 국가는 개인이 가지는 불가침의 기본적 인권을 확인하고 이를 보장할 의무를 가진다.
31. 교육은 홍익인간(弘益人間)의 이념 아래 모든 국민으로 하여금 인격을 도야(陶冶)하고 자주적 생활 능력과 민주시민으로서 필요한 자질을 갖추게 함으로써 인간다운 삶을 영위하게 하고 민주국가의 발전과 인류공영(人類共榮)의 이상을 실현하는 데에 이바지하게 함을 목적으로 한다.

거나 타인의 인권을 침해할 우려가 있다면 당연히 제재가 필요하겠지만 말이다.

우리나라의 많은 학교가 아직은 학생 인권보다 학생의 안전과 학습권을 우선시하고 있다. 「학생인권조례」가 제정된 지 10여 년이 지났지만, 용모와 복장을 자유롭게 허용한 학교보다는 학생들의 안전과 학습권을 보장하기 위해 '학교생활 규정'으로 두발과 복장을 규제하는 학교가 더 많다. 그리고 대부분의 학생은 '학교생활 규정'에 정해진 대로 별다른 의견을 제시하지 않은 채 그대로 받아들이고 있다.

아니 겉으로 봤을 때는 그렇다. 하지만 학교현장을 자세히 들여다보면 많은 학생이 교사들을 피해 규정을 어기고 있다. 교사들 또한 얼굴을 붉히기 싫어서 모른 척하는 경우가 대다수이다.

그렇다면 왜 학생들은 '학교생활 규정'에 불만이 있으면서도 이의를 제기하지 않는 것일까?

먼저 '학생생활 규정'이 만들어지는 과정을 살펴보자.

최근 학교 자치활동이 중요시되면서 '학생생활 규정'을 제정하거나 개정할 때 학교 구성원인 학생, 학부모, 교원 등의 의견을 수렴해서 결정하고 있다.

학생들은 학급 회의를 통해 의견을 제시하고 다시 제시된 의견을 학생회 임원 회의를 통해 결정한다. 그리고 학생 대표, 학부모, 교원이 함께 모여 '학생생활 규정'을 결정하는 것이다.

그런데 일부 학교에서는 이러한 절차가 형식적으로 진행될 때가 많다.

우선 학생, 학부모, 교원이 같은 시간에 모이기가 힘들다. 그래서 먼저 학생과 교사가 이견을 조율하고 나중에 학부모에게 동의를 받는 경우가 많이 있다.

이때에도 생활 규정을 담당하는 교사가 먼저 기존의 '학교생활 규정' 안에서 수정이 가능한 부분과 그렇지 않은 부분을 미리 정해 준다. 이 과정에서도 생활 규정 담당 교사들을 제외한 나머지 교사들은 자신의 업무가 아니기 때문에 참여하는 일은 거의 없다.

이제 몇몇 학생 대표들이 교사가 정해 준 범위 안에서 회의를 통해 학교생활 규정을 결정한다. 물론 전체 학생들의 의견을 수렴하는 과정은 생략된다.

절차가 어찌 되었든 소수의 학생이지만 회의를 통해 결정하고 교사와 학부모가 동의했으니 겉으로는 학교 구성원들이 만든 학교생활 규정이 되는 것이다. 그리고 이렇게 제정된 규정을 어기게 되면 벌점을 받거나 처벌을 받게 된다.

그렇더라도 학생들이 이의를 제기하기란 쉽지 않다. 학교에 반기를 들었다가는 '입시'나 '취업'에 불이익을 받지 않을까 하는 생각에 포기하는 경우가 많다. 그렇다고 전체 학생의 의견이 반영되었다고 할 수 없으니 자발적으로 규정을 지켜야 할 동기가 생기지도 않을 것이다. 가장 중요한 학생의 의견이 빠진 반쪽뿐인 규정이니 말이다.

다음은 광주 ○○고등학교의 생활 규정의 일부이다.

학교 구성원인 학생, 교사, 학부모가 함께 꼭 지켜야 할 기본적 사항만을 정한 후 세부 사항은 학생들에게 선택권을 주고 있다.

아마도 이 학교 학생들은 자신들이 직접 만든 '학교생활 규정'에 의미를 부여하고 동시에 스스로 지키겠다는 동기를 갖게 될 것이다. 그리고 이러한 과정에서 학교에 대한 주인의식을 키우고 나아가 민주시민으로서 자신의 삶을 결정하고 책임질 수 있는 역량을 키울 수 있을 것이다.

광주 ○○고등학교의 생활 규정(일부)

- 복장, 두발, 장식, 화장 등 용모에 관한 사항은 학생 스스로 결정한다.
- 학교에서 정해진 교복을 입을 경우에는 학생 자신의 의사에 따라 선택하여 착용할 수 있다.
- 교복의 착용 시기는 학생 개인이 계절별 특성에 맞추어 자율적으로 조정하도록 하며, 교복 외 방한용 덧옷, 조끼 등의 착용 여부 및 색상, 형태 등에 대해서는 학생 개인이 자율적으로 선택하도록 한다.
- 교복에 관한 사항은 학생, 학부모, 교사가 합의하여 결정할 수 있다.
- 위의 사항은 학생 대의원 총회의 자발적인 결의를 통해 자율 규제 사항을 정할 수 있다.
- 개인의 특수한 상황이 있는 경우, 학년 협의회의 허가를 거쳐 다른 용모를 선택할 수 있다.

학교에서 사라져 가는 학급 회의

낯설기만 한 학교 자치활동과 민주시민교육은 언제부터 시작되었을까? 짐작했겠지만 어느 날 갑자기 우리 교육과정에 새롭게 등장한 것은 아니다.

아마 다들 기억할 것이다. 중·고등학교 때 일주일에 한 번 있던 자율 활동 시간. 이는 담임교사와 학급 학생들이 다양한 활동을 자율적으로 진행할 수 있는 시간으로, 내가 학창 시절에는 대부분 학급 회의를 진행했다.

학생 임원 회의에 건의할 안건을 반 학생들이 회의를 통해 결정하는 시간으로 학생들은 회의의 주체가 되어 안건을 내고 토의를 하는 과정 중에 자연스럽게 자치활동과 민주시민으로서 의사결정 과정을 배우는 시간이었다.

처음 담임을 맡았을 때 나는 이 시간에 굉장한 의미를 부여했다. 하지만 1년 동안 함께 지켰으면 하는 학급 규칙을 정하는 첫 회의에서부터 실망했다.

임시 대표가 회의를 진행하는 과정에서 '혹시 한 번도 회의해 본 적이 없나?'라는 생각을 했다. 회의를 진행하던 학생은 어떻게 회의를 진행해야 할지 몰라 우왕좌왕하다가 나중에는 앞에 앉은 학생들과 장난을 쳤으며, 나머지 반 학생들은 회의에 집중하지 못한 채 제각기 친구들과 이야기를 하거나 개인 공부를 했다.

결국 뒤에서 지켜보던 나는 '회의를 진행하는 사람이 앞에서 장난하면 안 된다', '회의 시간이니 앞사람에게 집중하고 개인 공부는 잠시 멈춰라' 등등 잔소리를 하기 시작했다.

자리가 정돈된 후 다시 시작된 회의에서는 진행하는 친구의 '학급 규칙으로 어떤 것이 좋겠냐'는 질문만 교실을 맴돌 뿐 그 누구도 의견을 내지 않았다. 이번에도 내가 나서서 '우리가 1년 동안 잘 지내려면 고운 말을 써야 하지 않을까'라고 의견 제시했다. 그제야 학생들은 '지각하지 말자', '수업 시간에 떠들지 말자'라는 뻔한 의견들을 내놓았다. 그렇게 나의 첫 번째 학급 회의 시간은 끝이 났다.

두 번째 시간에는 학급 임원을 뽑았다. 임원을 뽑는 과정도 놀이처럼 진행되었다. 학생들은 반 친구들의 이름을 모두 부르며 "네가 반장을 해~"라며 장난을 했다. 진지함은 찾아볼 수가 없었다. 결국에는 학급 일을 잘할 수 있을 것 같은 학생이 아닌 인기투표로 반장이 선출

되었다. 그 또한 학생들의 선택이었으니, 내 마음에 들지 않는다고 선거에 개입할 수는 없었다. 물론 난 1년 동안 힘들었지만 말이다. 그 후 체육대회 때 입을 반 티를 결정하거나 축제 아이템을 결정하는 시간을 제외하고는 자율 활동 시간은 자습 시간으로 전락해 버렸다.

회의할 안건을 제시하는 학생도 없었지만, 엉망으로 진행되는 학급 회의를 지도하느라 에너지를 소비하는 대신 밀린 업무를 하거나 학생 상담을 하는 것이 더 효율적이라고 생각했다. 그렇게 나는 의도치 않게 학생들에게서 학급 구성원으로 나아가 민주시민으로서 자신의 의사를 표현하고 토론하면서 의사결정을 할 수 있는 역량을 기를 기회를 빼앗아 버린 것이다.

2.
입을 닫아 버린 청소년들

우리 청소년들은 사회문제나 정치 문제에 관심이 없지 않을까?

교육부 통계에 따르면 2020년 87.3%의 청소년들은 사회나 정치 문제에 관심을 두고 의견을 제시하는 등 사회에 참여할 필요가 있다고 생각한다라고 답변했다. 그리고 자신들이 의사결정 능력이 부족하다는 견해에 대해서는 동의하지 않는다고 답변했다. 분명 통계에 의하면 우리 청소년들은 사회에 참여할 의사가 있다고 말하고 있다. 그런데 왜 현실 속에서는 침묵하는 것일까.

2015 개정 교육과정으로 바뀌면서 학생들이 배워야 할 내용이 많이 축소되었다고는 하지만, 여전히 수업 시간에 교사가 가르쳐야 할 교과 내용은 너무 많다. 그렇기 때문에 교사는 학생들에게 질문할 시간조차 없이 바쁘게 수업 진도를 마쳐야 한다. 어쩌다 교사가 질문했을 때 혹시 답이 틀리지 않을까 침묵하거나 소심하게 대답을 해 보지만, 역시 답이 틀리면 친구들에게 비웃음을 받거나 답이 맞으면 잘난 척한다는 곱지 않은 눈총을 받는다.

처음부터 이런 것은 아니었다. 중학교에 입학하고 몇 달 동안은 교사의 질문에 여기저기서 '저요! 저요!' 손을 들며 서로 답하려는 친구들이 많이 있었다. 그러다 학기가 바뀌고 학년이 올라갈수록 수업 시간은 조용해졌다.

미국의 전 대통령 버락 오바마는 우리나라 학구열과 교육 방식을 부러워하고 찬양하는 사람이었다. 그런 그가 2010년 G20 서울 정상회의 폐막 연설 중 우리나라 기자들에게만 질문을 받겠다고 한 장면이 큰 이슈가 되었다. 그런데 정상 회의장은 침묵만 흐를 뿐 질문을 하는 기자가 없었다. 오바마는 질문이 없냐고 재차 물어봤지만 아무도 질문하지 않았다. 결국 그는 다른 나라 기자에게 질문을 받았다.

왜 우리나라 기자들은 질문하지 않았을까? 그리고 이런 상황을 오바마는 어떻게 생각했을까? 물론 그들에게도 이유가 있었겠지만, 많은 사람이 그 이유를 우리나라 교육 현실에서 찾았다. 우리 사회에서 기자라는 직업을 가진 사람들은 그래도 엘리트 집단에 속한다. 중·고등학교 시절에 남들보다 열심히 공부해서 좋은 대학에 진학하고 어려운 입사 시험을 거쳐 기자가 되었다. 하지만 문제는 그들 역시 지금의 우리 아이들과 똑같은 교육을 받았다는 것이다. 좋은 대학에 가려고 중학교 때부터 입시 위주의 주입식 교육만 받았을 뿐 수업 중 질문을 하거나 다양한 참여 수업을 통해 자기의 의사를 표현해 본 적이 별로 없었을 것이다. 어쩌다 앞에서 자신의 의견을 표현할라치면 '잘난 척한다', '또 시작이다'라는 야유를 들었을 것이다. 그러니 침묵만이 답이었을 것이다. 그렇다고 학교를 졸업하고 어른이 되었다고 해서 사람들 앞에서 자기 의견을 잘 표현할 수 있는 것도 아니다. 많은 사람이 모인 공간에서는 더욱더 그러하다.

다른 사람들 앞에서 의견을 말하고 표현하는 것도 연습이 필요한데, 우리나라 기자들에게는 그럴 기회가 없었을 것이다. 그래서 질문할 기회가 왔을 때 전 세계적으로 생중계되는 상황에서 혹시 자신이 한 질문이 엉뚱하거나 수준이 낮아서 창피를 당하면 어쩌나 하는 두려움이 있었을 수도 있다. 아마 그들은 여전히 중·고등학교에서 졸업하지 못한 채 그 시절의 교실에 갇혀 있었는지도 모른다. 그래서 차라리 침묵을 택했을 수도. 그들이 질문하지 않은 많은 이유가 있었겠지만 그래도 부정할 수 없는 것은 이로 인해 우리 교육의 아픈 곳을 적나라하게 보여 주었다는 것이다.

3.
선생님, 이제는 저희가 결정할게요

　내 수업 시간도 비슷했다. 학생들은 조용했고 가끔 던지는 질문이나 농담에 소수의 학생만 반응했다. 난 늘 무언가가 빠진 듯한 느낌을 지울 수가 없었다.

　그러다 KBS 파노라마 플러스에서 방영한 〈거꾸로 교실의 마법〉 편을 보고 내 수업에 무엇이 빠졌는지 알 수 있었다.

　TV 속 학생들은 교실에서 살아 숨 쉬고 있었다. 교실은 시끄러웠으며 무질서했지만, 학생들의 표정은 생기가 돌았다. 그리고 행복해 보였다.

　내가 꿈꾸던 그런 수업이었다. 나는 바로 '거꾸로 수업'을 시작했다. 아니 그냥 무작정 따라 했다. '무식하면 용감하다'고 하던가. 〈거꾸로 교실〉 다큐멘터리를 제작한 정찬필 PD가 뜻이 맞는 선생님들과 함께 만든 '미래교실네트워크(이하 미크)' 가입을 하고 '거꾸로 캠프'에도 참가했다.

　그리고 내 수업 속 아이들을 깨우기 시작했다. 학생들을 수업에 참여하도록 집요하게 말을 시키고 자신들을 표현하게 했다.

　그랬더니 학생들이 깨어나기 시작했다. 수업 속에서 자신들의 목소리를 내기 시작했다. 물론 엉뚱한 말로 분위기를 흐리기도 했지만 표정은 살아 있었다.

교과 시간에 '거꾸로 수업'으로 학생들이 깨어나고 자신들을 표현하기 시작하는 모습을 보자 나는 한 번 더 욕심을 내기로 했다.

자유로운 분위기 속에서 수업하는 학생들

'미크'에서 진행 중인 '사상 최대 수업 프로젝트(이하 사최수프)'를 자유학년제 주제 선택 시간에 실시했다.

'사최수프'는 문제 해결 지향 교육으로 배움이 교실과 교과서에 한정되지 않도록 교과 내용뿐 아니라 세상 모든 자원을 활용해 협력적으로 진짜 세상의 문제를 찾아 해결하는 프로젝트 교육 방법이다.

그런데 뜻밖의 난관에 부딪혔다. 학생들은 교과 수업 시간의 모습과는 사뭇 달랐다.

우선 어떤 것을 문제로 찾아야 할지 몰라 또다시 입을 굳게 닫아 버렸다. 그래서 주변을 관찰하는 것부터 다시 시작해야 했다. 사소한 것이라도 좋았다. 그 속에서 불편한 점을 찾아 나갔다. 그 과정에서 나는 또다시 '이거 해라. 저거 해라' 잔소리꾼이 되었다. 그래도 이번에는 포기하지 않았다. 학생들도 조금씩 달라지기 시작했다. 이제는 내가 사사건건 말하며 참견하는 것을 귀찮아했다. 자신들이 부르기 전까지 옆에도 못 오게 했다. 학생들은 스스로 선택한 문제에 대해 알아서 자료를 찾고 해결해 갔다. 물론 교사의 눈으로 봤을 때는 너무나 사소하고 엉뚱한 문제들이었지만 학생들은 문제를 찾고 해결하기 위해 프로젝트를 제안하기도 하면서 뿌듯해했다.

내가 경험한 우리 학생들은 결코 자기 의견을 표현하지 못하거나 의사결정 능력이 부족하지 않았다. 또한 사회문제에 관심이 없는 것도 아니었다. 어른들이 청소년은 아직 어리고 미숙하기 때문에 자기 의사를 표현하고 의사를 결정할 능력이 떨어질 거라는 지레짐작으로 그들의 입을 막아 버리고 그들의 목소리를 들으려고 하지 않았던 게 아닐까?

청소년 또한 하나의 인격을 지닌 인간으로서 당연히 누려야 할 권리들이 있다. '자유권' 역시 그렇다. 이제는 청소년들을 '학생다움'이라는 틀 안에 가두지 말고 한 명의 '사람다움'으로 인정해야 한다.

그러기 위해서는 교실에서부터 시작해야 한다. 입시 위주의 지식을 일방적으로 전달하는 수업이 아닌 학생들도 함께 참여하는 수업, 수업의 주인이 되어야 한다. 그렇다고 강의식 수업을 반대하는 것이 아니다. 필요한 지식을 전달하는 데 강의식 수업만큼 좋은 교육 방법은 없다. 다만 학생들이 수업의 주체로서 함께 참여할 수 있는 수업도 필요하다는 것이다. 그리고 이름뿐인 학생 자치활동, 학교 자치활동이 아닌 학생들이 주도적으로 참여할 수 있는 활동으로 거듭나야 할 것이다. 교사 또한 학생들이 자치활동에 적극적으로 참여하고 활동할 수 있도록 지지하고 협력해 주는 동반자가 되어야 한다. 그리고 학교만 변화해서는 안 된다. 가정과 사회도 변해야 한다. 우리 청소년을 '학생다움'이라는 틀 안에 가두지 말고 더 이상 미성숙한 존재가 아닌 자기 생각을 표현하고 자신의 삶을 결정할 수 있는 한 명의 독립된 존재로서 존중하고 인정해야 한다.

학생들이 어른이 되었을 때 학교에서 자신을 표현하고 서로 타협하며 문제를 해결했던 경험을 바탕으로 사회에서도 주저함 없이 자기 자신을 표현하고 서로 존중하면서 조율할 줄 아는 역량을 지닌 민주시민으로 성장할 수 있도록 기회를 줘야 한다.

민주의 성장 일기

"내가 바꾼 학교생활 규정"

야호~ 드디어 두발 자율화의 꿈이 이뤄졌다.

지난 학급 회의에서 나왔던 두발 자율화에 대한 안건이 임원 회의에서 채택되었을 때, 나는 '설마 안 되겠지' 했는데 부모님들, 선생님들과 열띤 회의 끝에 동의해 주셨다.

아무래도 학교생활 규정 회의를 위해서 친구들과 조사해서 준비해 간 자료가 큰 힘이 된 것 같다.

비록 부분적인 허용이지만 회의를 통해 우리가 직접 규칙을 만들었다는 것이 너무너무 뿌듯하다.

그나저나 이번 주말에 엄마랑 파마하러 가기로 했는데 어떤 스타일로 하지? S컬로 할까? C컬로 할까?

내일은 요즘 유행하는 머리 스타일을 검색해 봐야지.

7장

디지털 시민성,
또 다른 세상을 만나다

공적 사안에 대한 지식과 시민으로서의 덕성을 갖추면서 디지
털 기술을 활용하여 규칙적이고 효율적으로 정치적 영역에 참
여할 수 있는 능력을 갖춘 시민.

_디지털 시민 〈네이버 국어사전〉

SNS 세상 속
15살 민주

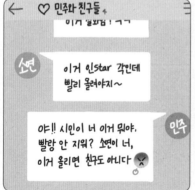

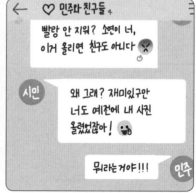

여는 이야기

조희정

요즘 사이버 폭력 문제가 심각합니다. 연예인 SNS 계정에 달린 악성 댓글이 공개되었는데, 너무 심하더라고요. '연예인들은 악성 댓글에 시달리고 자살하는 게 정상 아닌가'라는 내용이었어요. 또 다른 연예인은 교사 지망생이 지속해서 올린 악성 댓글에 시달리다가 고소를 했더라고요.

김병국

맞아요. 경찰청 통계에 보면 사이버 명예훼손·모욕이 2014년 8,880건에서 2019년에는 1만 6,633건으로 몇 년 사이에 두 배로 증가했어요. 정보통신기술이 발달하면서 악성 댓글뿐 아니라 정보통신망을 이용한 범죄가 꾸준히 증가하고 있는 것 같습니다.

박주현

그럼 우리 청소년들은 어떨까요? 통계에 따르면 만 10~19세 휴대폰 보급률은 97.1%, 그중 스마트폰 보급률은 94.4%나 되더라고요. 예전에는 청소년 요금제 등으로 데이터 양을 한정해서 간접적으로나마 통제할 수 있었지만, 지금은 어디에나 무료 와이파이가 설치되어 있어서 데이터 양을 걱정하지 않고 인터넷을 사용할 수 있잖아요. 또 공공 와이파이 서비스로 버스 정거장이나 사람들이 많이 사용하는 공공 장소에서도 무료로 인터넷을 할 수 있게 되면서 청소년들은 마음만 먹으면 어디에서든 쉽게 인터넷에 접속할 수 있게 됐어요. 정보통신기술이 발달하면서 우리 생활이 편해지는 등 많은 장점이 있지만 김 선생님 말씀처럼 정보통신망을 이용한 사이버 폭력, 명예훼손, 개인정보 침해 및 디지털 성범죄 등 사이버 범죄가 갈수록 늘고 있어요. 그렇다면 디지털 원주민[32]이라는 청소년들은 과연 정보통신기술을 건강하게 사용하고 있을까요?

오연희

정말 정보통신기술이 발달하면서 많은 것들이 바뀌었어요. 가전제품들도 네트워크에 연결되면서 어디서나 원격으로 통제할 수 있게 되었고, 필요한 정보도 바로바로 찾아볼 수 있잖아요. 지난 2년간 코로나19로 인해 학교가 마비되었을 때도 정보통신기술이 없었다면 정말 힘들었을 거예요. 처음 온라인으로 화상 수업을 할 때는 교사도 학생도 시행착오로 힘들어했지만요. 그래도 확실히 교사보다는 학생들이 빨리 적응하더라고요. 재미도 있어 하면서요. 그런데 얼마 못 가서 한 아이가 화상 수업을 할 때 비디오를 꼭 켜야 하는지, 비디오를 켜는 것을 자율로 해 주시면 안 되는지 저에게 물었어요. 왜 그런 생각을 했냐고 되물었더니 한 학생이 수업하는 아이들 사진을 캡처해서 우리 반 단톡방에 올려

---

32. 디지털 기기를 태어나면서부터 자연스럽게 접함으로써 자유자재로 사용하는 세대(시사상식사전).

서 'ㅋㅋㅋ'거리며 놀리고 웃었다는 거예요. 그래서 인터넷 윤리에 대해 다시 강조하며 지도를 했었죠.

실제로 온라인 수업이 진행되면서 물리적인 학교폭력은 줄었는데 상대적으로 사이버 폭력 및 디지털 성범죄가 급증했다고 해요. 2020년 조사에 따르면 사이버 폭력 경험(가해 또는 피해)이 있다고 답변한 내용을 학교급별로 보면 초등학교가 9.7%로 가장 높았고, 다음은 중학교 5.8%, 고등학교 3.4% 순이었어요. 그런데 이런 사이버 범죄가 단순 호기심이나 장난에서 시작했다는 거예요. 당연히 가해 아동·청소년의 대다수는 이것을 '범죄'라고 인식을 못 한다고 합니다.

조희정

그렇기 때문에 아동·청소년에 대한 정보통신윤리교육이 중요해요. 중학교의 경우 2015 개정 교육과정에 '정보' 교과가 선택교과가 아닌 필수교과가 되면서 그나마 학생들에게 정보통신윤리를 비롯해 디지털 리터러시에 대해 가르치고 있지만, 수업 시수가 많이 부족합니다. 중학교 3년간 34시간밖에 되지 않아요. 물론 정보통신윤리교육을 학교교육과정에 따라 연간 4시수에서 10시수 정도 확보하고 있지만, 그마저도 턱없이 부족하죠.

김병국

김 선생님 말씀에 저도 동의해요. '정보' 교과 34시간 안에 정보통신윤리교육과 디지털 리터러시 교육을 하기는 너무 짧아요. 그리고 정보통신윤리교육도 중요하지만 디지털 리터러시 교육 또한 중요하다고 생각해요. 온라인 수업을 하

오연희

면서 디지털 기기가 학생들에게 좋은 학습 도구가 될 수 있다는 생각이 들더라고요. 하지만 우리 사회에서는 학생들에게 디지털 기기는 그저 게임이나 SNS를 하는 '놀이 도구'라고 인식하는 것 같아요. 학생들 역시 디지털 기기로 SNS하거나 게임을 하는 데 능숙하지만, 학습을 위한 정보를 수집하거나 재가공하는 데 어려움을 느끼더라고요.

김병국

저는 정보통신윤리교육과 디지털 리터러시 교육의 양적인 교육 시간 확보도 중요하지만, 궁극적으로는 디지털 시민 역량을 기르는 것이 중요하다고 봐요. 디지털 사회 속에서 다른 사람들과 소통하면서 지켜야 할 예의와 디지털 시민으로서 가져야 할 의무나 책임을 청소년들에게도 가르쳐야 합니다.

박주현

선생님들의 말씀을 들어 보니 미래를 살아갈 우리 청소년들에게 정보통신윤리교육과 디지털 리터러시 교육은 필수인 듯하네요. 더 나아가 디지털 시민으로 살아가기 위한 역량을 길러 주는 것도 중요하겠죠.

1.
아니 땐 굴뚝에 연기 난다!

아니 땐 굴뚝에 연기 날까?

원래 이 속담은 어떤 결과이든 반드시 원인이 있다는 뜻인데, 언제부터인가 사회 곳곳의 아니 땐 굴뚝에서 연기가 나고 있다.

뉴스에서는 정치인이나 연예인들을 향한 거짓 정보가 인터넷상에 무분별적으로 떠돌고 있다는 내용을 보도하고 있다. 그중 '일단 던지고 보는 유튜버·구독자…', '명예훼손', 고소·고발 급증'이라는 인터넷 뉴스 제목이 눈에 들어왔다. 유튜브 이용자 수가 급증하면서 유튜버들이 구독자를 늘리기 위해 유명인을 비롯해 일반인 채널 운영자나 그 구독자들을 무차별적인 비방의 대상으로 삼고 있다. 또 구독자들은 제작된 영상 콘텐츠에 악성 댓글을 달고 그 댓글에 달리는 '대댓글'로까지 '악성 콘텐츠'가 확산하면서 고소·고발이 꾸준히 증가하고 있다는 내용이었다.

최근 법원 판례에서도 사이버 범죄를 중범죄로 취급하고 벌금형부터 징역형까지 선고하고 있다.

사이버 폭력이 '장난'이라고?

"선생님, 시민이가 또 단체 대화방에 제 굴욕 사진을 올려서 아이들이 다 봤어요."

등교하자마자 민주가 교무실로 찾아와서 같은 반 학생인 시민이가 단체 대화방에 자신의 굴욕적인 모습이 담긴 사진을 올렸다며 울먹거렸다.

예전에는 물리적으로 폭행을 당하거나 협박과 따돌림을 당했다며 학교폭력으로 신고를 했다면, 최근에는 사이버 학교폭력을 당했다고 신고하는 경우가 많아졌다. 실제로도 2020년 학교폭력 실태조사 결과 보고에 따르면 물리적 학교폭력 비중은 감소했지만 사이버 폭력(3.4%)은 증가했다.

피해 유형별 응답률

구분*	2015년	2016년	2017년	2018년	2019년	2020년	증감(%p)
언어폭력	33.3	34.0	34.1	34.7	35.6	33.6	▽2.0
집단 따돌림	17.3	18.3	16.6	17.2	23.2	26.0	△2.8
스토킹	12.7	10.9	12.3	11.8	8.7	6.7	▽2.0
신체폭력	11.9	12.1	11.7	10.0	8.6	7.9	▽0.7
사이버폭력	9.2	9.1	9.8	10.8	8.9	12.3	△3.4
금품갈취	7.2	6.8	6.4	6.4	6.3	5.4	▽0.9
성폭력	4.2	4.5	5.1	5.2	3.9	3.7	▽0.2
강요	4.2	4.3	4.0	3.9	4.9	4.4	▽0.5

*피해 유형별 중복 응답 가능, 중복 응답 건수 기준 비율(%)

"시민, 단체 대화방에 민주 굴욕 사진 올렸다며 민주가 울면서 속상해하던데 이건 사이버 폭력이야."

"그냥 장난으로 한 거예요. 그리고 민주도 제 어릴 적 사진 올렸어요."

"민주도?"

민주와 시민은 '장난', '재미'라는 이유로 상대방의 동의를 받지 않고 사진을 올리고 서로의 사생활을 단체 대화방이나 SNS에 올렸다. 그리고 그 내용을 다른 친구들도 재밌다며 다른 곳에 게시했다. 민주와 시민, 게시물을 다른 곳에 옮긴 학생들은 모두 인터넷 명예훼손죄에 해당한다. 그런데 이들은 자신들이 한 행동을 범죄라고는 전혀 인식하지 못하고 '놀이'로 인식했다.

더욱더 놀라운 건 울면서 학교폭력으로 신고하겠다던 민주는 어느새 시민이와 화해했다면서 아무런 일이 없었던 것처럼 장난하며 지나갔다. 그럴 때면 '뭐지? 나만 또 너무 심각했나.' 하는 생각이 든다.

그런데 정말 아무 일이 없었던 것처럼 이렇게 끝내도 되는 걸까?

'애들이 놀면서 그럴 수도 있지?'

'애들이 놀면서 그럴 수도 있지?'
'장난으로 그런 건데 뭐.'
'사춘기라서 그래. 그러다 말 거야.'

정말 단체 대화방에 재미 삼아 친구의 굴욕적인 사진을 올리고, 친구의 사생활을 농담거리로 올려도 되는 걸까? 이 모든 행동들을 '장난'이나 '재미'있는 놀이였다는 말로 웃어넘길 수 있을까?

그럼 이 뉴스에 대해서는 어떻게 생각하는가?

한 연예인이 SNS상에서 자신의 외모를 비하하고 근거 없는 거짓 뉴스와 조롱 섞인 악성 댓글에 시달리다 자살했다는 뉴스가 보도되어 충격을 준 적이 있었다. 과연 거짓 뉴스를 만들어 내고 악성 댓글을 달던 사람들이 '장난이었는데… 그리고 다른 사람들도 다 하기에 같이 한 것뿐이다'라고 말하면 아무 일 없었던 것처럼 죄가 없어지는 걸까?

아니다. 이건 엄연한 범죄 행위이며 살인 행위이다. 그럼에도 사이버 범죄는 출처가 누군지 쉽게 알 수 없는 익명성이라는 인터넷 특성을 이용해서 불특정 다수를 향한 거짓 뉴스와 악성 댓글로 대중을 선동하며, 아무런 죄책감 없이 한 인간을 나락으로 떨어뜨리고 최악에는 생명조차 포기하게 만든다.

이런 일들이 학교에서도 빈번하게 일어나고 있다. 우리 아이들은 SNS 속에서 친구를 향해 장난처럼 욕설을 내뱉고 서로를 비방하는 농담을 한다. 그들은 장난처럼 반복되는 행동을 '폭력'이라고 생각하지 못한 채 '놀이'의 일부분이라고 여긴다.

청소년뿐 아니라 어른들조차 사이버 세상을 허구의 세계로 인식하고 행동하는 경우가 많다. 이는 인터넷이 대중화되기 시작했을 때의 잘못된 인식이 그대로 남아 있기 때문인 듯하다. 1990년대 후반 PC 통신을 소재로 한 〈접속〉[33]이라는 영화가 있었다. 극 중 주인공들이 서로의 얼굴도 모른 채 채팅을 통해 서로를 위로하고, 서로에게 위로받는 내용으로 대중들에게 PC 통신을 홍보하는 계기가 되었다. 아마 이때 처음 PC 통신을 채팅으로 접했던 사람들이 많았을 것이다. 실명 대신에 현실 속의 자신과는 완전히 다른 모습의 가상 캐릭터를 만들어 활동했다. 그리고 포털 사이트 등에서는 로그인 없이도 익명으로 자유롭게 글을 게시할 수 있었다. 그러니 자신이 어디에 어떤 글을 올

---

33. 장윤현 감독, 한석규·전도연 주연(1997년).

렸는지를 아무도 모를 거라고 생각했다. 이후 미니홈피라는 개인 가상공간의 등장으로 사람들은 사이버 공간을 통해 지금의 SNS와 같은 활동을 하기 시작했다. 이때는 활동하다가 마음에 들지 않으면 사이트를 탈퇴하고 새로 가입해서 활동하는 경우가 많았다. 그리고 자신이 활동했던 기록은 사이트를 탈퇴하면 인터넷에서 완전히 삭제될 거라고 가볍게 생각했다. 인터넷에서 활동했던 기록들이 사라지지 않는다는 것을 나중에 알게 되었지만.

인터넷을 통해 폭넓은 인간관계를 만들고 서로 정보를 공유하고 다양한 지식을 습득하는 등 장점도 많았지만 반대로 익명성을 악용하여 사이버 언어폭력을 비롯해 명예훼손, 개인정보 유출, 디지털 성범죄 등이 등장하기 시작했으며 사회적으로 문제가 되었다.

이에 2007년 공공기관이나 인터넷 포털 사이트에 글을 게시할 때 본인 확인을 거쳐야 하는 '제한적 본인 확인제(인터넷 실명제)'가 실시되었다. 하지만 인터넷에서의 '표현의 자유'를 침해한다는 반발과 한 포털 사이트의 개인정보 유출 사건으로 인해 2012년 '제한적 본인 확인제'가 위헌결정이 나면서 사실상 폐지되었다. 그러다 2021년 사이버 명예훼손과 사이버 범죄가 갈수록 심각해지면서 다시 인터넷 실명제 부활 이야기가 수면 위로 나오고 있다.

사이버 불링이 뭐야?!

"선생님, 이것 좀 보세요."

민주는 내게 자신의 페이스북 메신저를 보여 주었다. 거기에는 우리 반 남학생과 처음 보는 학생들이 민주에게 온갖 욕설과 협박을 하고 있었다.

"이게 뭔데?"

"모르겠어요. 제가 ○○를 기분 나쁘게 쳐다봤다면서 이렇게 페이스북 메신저에 초대했어요. 전 기억도 없는데요."

"근데 △△와 □□는 처음 보는 이름인데 아는 애들이니?"

"아니요. 저도 모르는 애들이에요. 친구들에게 물어보니까 다른 학교 학생들인데 지금은 학교 안 다니고 있대요. 선생님, 저 너무 무서워요."

자신을 기분 나쁘게 쳐다봤다는 이유로 일명 일진으로 불리는 친구들과 함께 있는 페이스북 메신저에 민주를 초대해서 집단으로 욕설과 협박을 한 것이었다. 심지어 민주가 대화방에서 나가면 다시 초대해서 나가면 죽인다고 협박까지 했다.

사이버 폭력이 증가하면서 '사이버 불링Cyber Bullying'이라는 신조어가 생겼다. 현실 세계에서 일어나는 '왕따'가 아닌 사이버 공간에서 일어나는 '왕따', 즉 집단 따돌림을 말한다.

사이버상에서 다수가 한 사람을 향해 집단으로 욕설, 명예훼손 등 폭력을 행사하는 행위로 피해자가 이러한 폭력을 견디다 못해 대화방을 나와도 다시 초대되어서 나갈 수 없게 하는 '사이버 감옥'에 가두거나, 반대로 노골적으로 피해자를 단체 대화방에 초대한 뒤 모두 대화방을 나가 버리는 집단 따돌림을 일삼는 행위이다. 심각한 건 '사이버 불링'은 밤낮 구분 없이 하루 24시간 동안 피해자를 괴롭힌다는 것이다.

청소년 대상의 디지털 성범죄 역시 증가[34]하고 있다. 2020년에 전

---

34. 여성가족부(2020), 「아동·청소년 대상 성범죄 발생 추세와 동향 분석」: 2019년 아동·청소년 대상 디지털 성범죄자는 19.3%, 피해자는 101.2% 증가.

국민을 분노하게 한 'N번방' 사건에 대한 조사가 나오면서 국민들을 한 번 더 경악하게 했다. 피해자 중 미성년자가 60.7%에 달했으며 'N번방' 운영진 3명 중 2명이 미성년자였다. 그중 하나는 고작 12살 초등학생이었다. 그뿐만 아니라 'N번방'에 접근한 경험이 있는 청소년도 적지 않았다.

디지털 성범죄의 피해 청소년도 늘어났지만, 가해자 또한 늘고 있다. 가해 아동·청소년 중 96%는 디지털 성범죄를 범죄라 생각하지 않고 다른 사이버 범죄처럼 '장난'이나 '호기심'과 같은 '놀이문화'로 생각했다고 한다.

어쩌다 청소년들에게 '사이버 범죄'가 '놀이문화'로 인식되게 되었을까? 아동·청소년이 아직은 미성숙하기 때문에 올바른 판단을 할 수 없어서라고 말하기에는 도를 넘어섰다는 생각이 든다. 그리고 자신들이 '촉법소년'[35]이라는 점을 악용하고 있다는 점도 문제가 된다. 그렇다고 이대로 보고만 있을 수는 없다.

우선 청소년들이 인터넷이나 SNS 안의 세상도 우리가 살아가고 있는 현실이라는 것을 깨닫게 해야 한다. 사이버상에서 만나는 사람들은 가상 인물이 아닌 자신과 똑같은 감정을 가지고 살아가는 진짜 사람들임을 인식하게 하는 것이 중요하다.

더불어 거짓 뉴스와 악성 댓글로 인해 힘들어하는 피해자의 상처에 공감할 수 있도록 상대방과 입장을 바꿔 생각할 수 있는 공감 능력을 길러야 한다.

'정보' 교과 수업 시간에 학생들과 함께 사이버 범죄 예방을 위한 역할극을 했다. 장난으로 했던 행동이 사이버 범죄가 될 수 있으며,

---

35. 「소년법」에 의해 반사회성이 있는 소년의 환경 조정과 품행 교정을 위한 보호처분 등의 필요한 조치를 하고, 형사처분에 관한 특별조치를 함으로써 소년이 건전하게 성장하도록 돕는 것을 목적으로 함.

거기에 피해를 당한 상대방의 감정을 느껴 보는 것도 좋은 교육이라는 생각에서였다.

모둠별로 사이버 범죄 유형 중 하나를 선택해서 시나리오를 작성하고 발표했다.

처음 한 반을 진행할 때 시나리오를 작성하던 학생들이 욕설을 사실 그대로 작성해도 되느냐고 물었고, 나는 흔쾌히 허락했다. 하지만 다른 반에서는 부분적으로 허용해야 했다. 학생들은 사이버 폭력에 대해 거침없이 시나리오를 작성했는데, 놀랍게도 피해자의 감정보다는 가해 상황에 초점을 두고 있었다. 그리고 시나리오 속 피해자들은 누군가에게도 도움을 요청하지 않았다. 또 다수의 역할극은 피해자가 자살하는 것으로 끝을 맺었다. 피해자가 주변 사람들에게 도움을 요청한 후 문제가 해결되어 해피엔딩으로 역할극이 끝나는 모둠이 몇 없었다.

어쩌면 청소년들이 사이버 폭력의 문제 상황과 사례만 수없이 들었을 뿐, 반대로 피해자들을 위한 배려와 그들의 마음을 어떻게 공감해야 하는지에 대해서는 모를 수도 있겠다는 생각이 들었다. 그리고 피해자가 누군가에게 도움을 요청해서 일이 해결되었다는 사례보다는 자살이라는 극단적인 선택을 했다는 사례 역시 언론에 더 많이 노출된 것이 현실이다. 이런 상황에서 청소년들이 피해자가 되었을 때 도움을 요청하는 대신에 극단적인 선택을 할 수도 있겠다는 무서운 생각도 들었다.

역할극이 끝난 후 학생들은 잠시나마 피해자의 감정에 공감을 할 수 있었으며 사이버 범죄가 얼마나 무서운 것인지에 대해 알게 되었다고 했다. 그리고 만약 피해자가 된다면 자신은 꼭 도움을 요청하겠다는 다짐도 했다. 물론 역할극을 통해 사이버 범죄가 얼마나 위험한 것인지에 대해 배웠다고 해서 사이버 범죄가 한순간에 없어지지는 않을 것이다. 그러나 일회성 교육이 아닌 지속적인 교육을 통해 학생들에게 사이버 범죄의 위험성을 알려야 한다. 나아가 익명 뒤에 숨어 '장난'이나 '재미'를 위해 충동적으로 사이버 범죄에 함께 동조하고자 하는 감정을 절제하고 통제할 수 있도록 지도해야 한다. 그리고 마지막으로 사이버 폭력에 침묵으로 방관하는 것이 아니라 잘못되었다고 반박할 수 있는 올바른 판단력 역시 길러 나가야 할 것이다.

인터넷이나 SNS에서 타인의 감정을 생각해 보고 존중하며 배려할 때 폭력은 사라지고 올바른 인터넷 문화가 만들어질 것이다.

2.
손안의 다른 세계 SNS

　요즘 우리의 몸은 오장 육부가 아닌 오장 칠부라고 한다. 어디에 가든지 스마트폰을 늘 들고 다닌다는 뜻에서 나온 말이다. 이것은 어른뿐만 아니라 청소년도 마찬가지다. 그나마 등교 후 스마트폰을 제출하는 시간은 제외이지만 말이다. 그만큼 청소년들에게 스마트폰 속 디지털 세계는 굉장히 익숙하다.

　디지털 시대를 살아가고 있는 청소년들의 일상은 어떤 모습일까?

　아침에 스마트폰 알림 소리에 일어나서 지난밤에 올린 SNS에 누가 댓글을 달았는지 '좋아요'는 몇 개가 달렸는지 확인을 한다.

　하교 후 친구들과 만나서 놀 때도 서로 얼굴을 보며 이야기하기보다는 스마트폰으로 게임을 하거나 자신들의 SNS 게시물을 보면서 거기에 달린 댓글과 '좋아요' 수를 자랑한다. 심지어 옆 친구와의 대화도 SNS를 통해서 한다고 한다.

　여기저기 수많은 게시물에 '좋아요'와 댓글을 달며 자신들의 인간관계를 넓히고 마음에 들지 않는 글에는 악성 댓글을 달기도 한다. 그리고 SNS 속의 화려하고 멋진 게시물을 보면서 부러워한다. 때로는 그렇지 못한 자신의 모습에 열등감을 느끼기도 하면서 말이다.

　귀가 후에는 유튜브에서 게임 영상 보거나 인기 유튜버의 영상을 시청한다. 때로는 취미나 관심 분야를 검색해서 지식이나 정보를 얻기도 한다. 잠들기 전에는 스마트폰 게임을 하거나 SNS를 둘러보다가 잠이 든다.

교육부의 통계에 따르면 2020년 청소년의 인터넷 이용 시간은 일주일에 27.6시간이다.

지난 2년간 코로나19로 인해 온라인 수업 시간이 증가하면서 전년 대비 10시간이 증가한 수치이다. 주로 사용하는 콘텐츠는 메신저SNS, 미디어 시청, 검색, 게임 순이다.

통계에서 보듯이 스마트폰으로 가장 많이 사용하고 있는 SNS는 청소년들에게는 또 다른 세계이다. 자신들의 이야기를 공유하고 다른 사람들과 소통하는 공간인 동시에, 관심 분야의 지식을 습득하거나 정보를 얻을 수 있는 공간이기도 하다.

하지만 불확실한 사실이나 거짓 정보로 인해 사회적으로 혼란을 야기하고, 아직 정보의 진위를 구별하기 힘든 청소년에게 악영향을 미치기도 한다. 반대로 자신이 장난으로 올린 글과 악성 댓글은 누군가에게 거짓 뉴스가 되거나 상처가 된다.

심각할 때는 소송 등의 책임을 져야 할 일도 생긴다. 설령 지금 당장은 아니더라도 청소년 시절 무심코 남긴 글이 나중에 자신의 첫인상을 결정하거나 인성을 평가하는 잣대가 되기도 한다.

최근 조사에 따르면 기업 인사 담당자가 지원자의 SNS를 보고 합격을 취소한 사례도 있다. 앞에서 잠깐 언급했듯이 인터넷의 특성 중 하나는 자신의 모든 활동 기록이 자신이 죽어도 그대로 남는다는 것이다. 어느 사이트에 가입했는지, 어디에 어떤 댓글을 달았는지, 그리고 인터넷 검색창에서 무엇을 검색했는지까지 모두 알 수 있다. 인터넷상에서 떠도는 자신의 흔적을 지워 주는 '디지털 장의사'라는 직업도 생겨났지만, 이렇게 지워진 내용도 다시 세상에 나올 수 있다. 이미 확산된 내용을 완벽하게 지울 수는 없기 때문이다.

그러나 청소년들은 인터넷 속 자신의 모습이 미래에 어떠한 영향을 미칠 수 있는지에 대해 생각하지 않는다. 이제 그들에게 올바른 인터넷 사용법을 가르쳐 주는 것이 무엇보다 절실하다.

3.
디지털 원주민, 시민 되다

디지털 네트워크를 이용하며 살아가는 모든 사람을 디지털 시민이라고 한다. 시민이라고 함은 국가를 이루고 있는 주체로 개인의 권리를 가지고 자신의 의무와 책임을 다하는 것이다. 장소만 온라인으로 바뀌었을 뿐 디지털 시민도 마찬가지다. 이들은 디지털 시민성을 갖춰야 한다.

디지털 시민성은 "디지털 혁명의 시대에 시민들이 더 책임감 있고 역동적으로 참여할 수 있는 역량"을 말한다.

우리나라는 언제 어디에서나 초고속 인터넷을 즐길 수 있는 IT 강국이다. 그런데 OECD 국가 중 학생들의 디지털 리터러시 능력이 최하위권이라는 충격적인 통계 결과가 나왔다.

우리나라 청소년 디지털 기기 보급률과 인터넷 사용 시간은 해마다 꾸준히 증가하고 있는데 디지털 리터러시 능력이 최하위라니 아이러니하지 않은가?

생각해 보면 중학교 3년 동안 '정보' 교과 시간 34시간과 '기술·가정' 교과 중 '정보통신기술' 단원에서 정보 활용에 대해 배우는 게 전부이다. 물론 고등학교에서 선택과목으로 '정보' 교과를 배우는 학교들도 있지만 말이다.

영역	핵심 개념	일반화된 지식	내용 요소
기술 시스템	소통	통신기술은 정보를 생산, 가공하여 다양한 수단과 장치를 통하여 송수신하여 공유한다.	– 통신기술 시스템 – 통신기술 문제 해결 – 미디어와 이동통신

2015 정보 교육과정

영역	핵심 개념	내용 요소
정보 문화	정보 사회	정보 사회의 특성과 진로
	정보 윤리	개인정보와 저작권 보호
		사이버 윤리
문제 해결과 프로그래밍	추상화	문제 이해
		핵심 요소 추출
	알고리즘	알고리즘 이해
		알고리즘 표현
	프로그래밍	입력과 출력
		변수와 연산
		제어 구조
		프로그래밍 응용
컴퓨터 시스템	컴퓨팅 시스템의 동작 원리	컴퓨팅 기기의 구성과 동작 원리
	피지컬 컴퓨터	센서 기반 프로그램 구현

중학교 교육과정을 좀 더 들여다보면 '정보'교과 시간에는 정보윤리교육으로 올바른 인터넷 사용법과 인터넷·스마트폰 중독 및 사이버 범죄 예방하는 방법을 배운다. 그 밖에 정보 기기 구성과 정보 표현을 배우고 마지막에 코딩과 피지컬 컴퓨팅에 대해 배운다. '기술·가정'교과의 '정보통신기술' 단원에서는 '정보'교과와는 달리 기술적인 면에

서 정보통신기술의 발달과정과 AI, 사물인터넷 등 미래 정보통신기술을 위주로 가르친다.

학생들에게 정보통신기술을 가르치고 있었지만, 디지털 기기를 효율적으로 사용하는 법에 대해 가르치는 시간은 거의 없다. 특히 가장 많이 사용하는 디지털 기기인 스마트폰에 대해서는 스마트폰 중독을 이야기하며 사용을 줄여야 한다고만 가르치고 있다.

청소년들에게 스마트폰은 단순히 게임이나 놀이를 위한 도구가 아니라 필요할 때 정보를 검색하고 문제를 해결하기 위한 유용한 도구라고 가르쳐 주지 않는다. 그저 스마트폰은 청소년기에 백해무익하니 공부할 때는 꺼 놓고 사용 시간도 줄이라고 입을 모아 한목소리로 말하고 있다.

지난 2년간 코로나19로 인해 뜻하지 않게 미래형 수업이 교실 속으로 빠르게 찾아왔다고 한다. 교사와 학생들은 사상 초유의 사태로 아무런 준비 없이 온라인 수업을 해야 했다.

그런데 이미 오래전부터 해외 유명 대학들 사이에서는 온라인상에서 수강 인원 제한 없이 대규모의 사용자를 대상으로 제공하는 온라인 공개수업MOOC을 진행하고 있었다. 우리나라K-MOOC에서도 많은 대학이 무료로 온라인 강좌를 제공하고 있다. 디지털 기기와 인터넷 사용만 가능하다면 유명 대학의 강의를 들을 수 있으며 많은 정보와 지식을 얻을 수 있게 환경이 조성되어 있었다.

다시 원점으로 돌아가서, 지난 2년 동안 학교에서 온라인 수업이 진행되면서 많은 것들이 변했다. 우선 디지털 기기를 활용한 수업이 많아졌다. 온라인 클래스, e학습터, 구글 클래스룸, 네이버 밴드 등 다양한 학습 관련 시스템LMS: Learning Management System이 등장했다. 또 자연스럽게 학생들은 온라인상에서 수업을 듣는 것뿐 아니라 디지털 기기를 사용하면서 교과서로만 배웠던 지식보다 더 많은 정보를 인터넷에서 찾아볼 수 있게 되었다. 이런 과정에서 청소년들에게 수많은 정보와 지식 사이에서 올바른 정보를 찾아내어 자신의 것으로 재가공할 수 있는 능력을 요구하게 되었다. 하지만 여전히 정보의 사실과 거짓을 구분하지 못하는 학생들이 많이 존재했다.

교사들도 마찬가지였는데, 불과 2년 전에는 교과서 안의 내용만 가르치면 되었다. 필요하다면 전공 서적을 찾아보고 학생들에게 알려 주었다. 그런데 온라인 수업을 통해 더 많은 정보를 활용하여 수업을 진행할 수 있게 되면서 디지털 기기 사용법뿐 아니라 다양한 학습 관련

디지털 기기를 활용한 수업

시스템의 활용하는 방법을 배워야 했다. 디지털 리터러시 교육의 중요성을 깨닫게 된 것이다.

1997년 이후에 태어난 우리 청소년들을 디지털 원주민 세대라고 한다. 이들은 말을 떼기도 전에 디지털 기기와 함께 성장한 세대라는 것이다.

이런 세대의 변화 속에서도 여전히 우리는 청소년의 디지털 기기 사용에 대해 거부감을 보인다. 하지만 이미 생활의 일부가 되어 버린 세대에게 디지털 기기의 사용을 줄이라고만 언제까지 강요할 수는 없다.

이제는 청소년들에게 스마트폰과 같은 디지털 기기 사용을 금지하고 통제하는 것을 넘어 올바르게 사용하는 법을 알려 주어야 한다. 디지털 원주민에서 디지털 시민으로 성장할 수 있도록 도와줘야 한다.

어느 국가든 단 한 명뿐인 시민은 존재하지 않는다. 타인과 함께 더불어 살아가야 한다. 시민들은 서로 배려하며 존중하면서 자신도 존중받을 권리가 있다. 동시에 시민으로서의 의무와 자신의 행동에 책임을 져야 한다. 디지털 시민 역시 온라인 안에서 타인에게 해를 끼치지 않으면서도 자신의 권리와 의무를 다하며 함께 공존하면서 살아가는 것이다.

앞으로 디지털 시대에 주인이 될 우리 청소년들에게 디지털 시민성을 길러 주는 교육이야말로 우리 청소년들이 미래를 살아갈 중요한 힘을 기르는 교육이 될 것이다.

민주의 성장 일기

"민주, 디지털 시민이 되다"

오늘은 기술 시간에 '디지털 시민이란'이라는 주제로 발표 수업을 했다. 우리 모둠은 디지털 시민으로서 지켜야 할 네티켓에 대해서 발표했다.

발표 자료를 조사하면서 그동안 내가 SNS상에서 장난으로 했던 행동들이 다른 사람들에게는 상처가 될 수 있다는 것을 알게 되었다.

얼마 전 시민이의 어릴 적 사진을 장난으로 올린 일 때문에 시민이가 화를 냈었다. 그때는 이해를 잘 못 했는데, 자료를 조사하면서 생각해 보니 잘못했다는 것을 알게 되었다.

이제 디지털 시민으로서 지켜야 할 네티켓을 알게 되었으니까 다시는 실수하지 말아야지. 그리고 내일 시민이에게 가서 사과부터 해야겠다.

8장

사회참여,
우리의 목소리를 높여요

우리는 변화의 물결입니다.

_18세의 스웨덴 기후행동가, 그레타 툰베리

무기력하고 무관심한
18살 민주

여는 이야기

김병국

오늘은 청소년의 사회참여에 대해 이야기를 나눠 봅시다. 사회참여란 사회의 구성원으로서 시민이 정책 결정 과정이나 사회문제에 관심을 가지고 그 일에 적극적으로 참여하는 것을 말합니다. 시민들의 능동적인 사회참여가 잘 이루어지면 건강하고 민주적인 사회라고 말할 수 있겠죠. 그렇다면 우리 아이들이 있는 교실로 한번 들어가 볼까요? 우리가 만나는 교실 속 아이들의 사회참여는 어떻다고 생각하시나요?

박주현

중학생이나 고등학생을 생각해 보면, 사회문제를 개선해 봐야겠다는 사회참여의 모습은커녕 무기력한 모습이 대부분이에요.

오연희

초등학생들은 교사의 적절한 개입이 있을 경우에 오히려 중고등학생보다 사회참여를 실천할 가능성이 더 커 보입니다.

유치원생들은 적극적이고 주도적인 사회참여가 이루어지기에는 아직 이르지 않나 하는 생각이 들어요.

조희정

그렇다면 질문을 좀 더 구체화시켜 보죠. 선생님들은 청소년의 사회참여가 잘 이뤄지지 못하는 이유가 무엇이라고 생각하시나요?

김병국

학교에서 청소년의 사회참여를 가르치는 교육에는 사회 교과 수업이나 민주시민교육 등이 있죠. 그런데 실제 현장에서는 너무 형식적이고 이론적으로만 이루어지고 있어서 문제라고 생각해요. 또한 수행평가와 같은 점수화된 평가가 있다 보니 학생들이 사회참여나 기타 민주시민 의식에 대해 별다른 의미를 못 느끼는 거죠.

박주현

그리고 어른들이 항상 하는 말 있잖아요. "너희가 뭘 아는데?"와 같은 말들. 이런 어른들의 인식이 학생들에게 전해져 자기도 모르게 스스로 '사회문제에 참여하는 것은 어른들이 하는 일이야'라고 생각하는 점도 있어요.

청소년이 사회참여를 하기 위해서는 사실 스스로 결정해 보는 경험의 축적이 중요한데, 그러한 경험이 부족한 상태에서 갑자기 학교에서 "사회에 참여해 봐!"라고 했을 때 당연히 당황스러울 거예요. 이런 차원에서 보면 사회참여 의식을 신장시키는 교육은 가정에서부터 충분한 경험을 통해 이루어져야 한다고 생각해요. 예를 들어 "이번 여름에 가족 여행을 가는데 어디로 갈까?"라는 주제라면, 자신의 의견을

오연희

제시하고 의사결정 과정에 직접 참여해 보는 식이죠. "이번 여름에는 바다로 가요.", "우리 이번에는 북쪽 지역으로 한 번 가 봐요.", "제주도에 안 가 봤으니 한번 가 봐요."와 같이요. 이런 경험이 사회참여 의식을 기를 수 있는 바탕이 될 거라고 생각해요.

박주현

사실 중학교 1학년 기술가정 교과에 가정 내 의사소통을 다룬 단원이 있어요. 부모와 자녀가 함께 가족 여행 코스도 정해 보고 집안의 여러 일을 가족 구성원들과 함께 의논하는 방법이나 내용을 가르치는 거죠. 그런데 현실적으로 학생들에게 "집에서 여행 갈 때라든지 외식을 할 때 의견을 나누는 가족회의를 한 사람 있으면 손 들어 보세요." 라고 하면 몇 안 되더라고요.

김병국

그러니까 청소년의 사회참여가 잘 이루어지지 못하는 이유가 단순히 학교의 문제 때문이 아니라는 거죠. 실질적인 학교교육의 부재뿐만 아니라 가정에서부터 사소한 의사결정 과정에서 아이들의 의견이 존중받는 경험들이 없어서 그럴 수도 있겠다는 말씀이시네요.

조희정

선생님들 말씀을 듣고 보니, 민주시민교육의 사회참여라는 요소는 어쩌면 유치원에서 가장 중요할 수 있겠다는 생각이 드네요. 어린 시절부터 아이들이 작은 일들을 결정해 보는 경험을 바탕으로 더 나은 결정을 할 수 있는 힘이 생길 테니까요.

오연희

맞아요. 그러니까 사회참여 의식을 기르는 것은 유기적으로 가정에서부터 단계적으로 이루어져야 하는 거죠. 쉽게 말해 가정, 학교, 학교 밖 사회로 단계적인 참여의 경험을 통해 확장되는 것이지, 가정에서 민주적인 의사결정 과정을 전혀 경험해 보지 못한 상태에서 학교에서의 사회참여 교육의 효과를 기대하기 힘들다는 거죠. 우리 반 아이들은 어떤 문제에 대해 "어떻게 했으면 좋겠어?"라고 하면 "그냥 선생님이 정해 주세요!"라고 할 때도 있어요. 어른들이 정해 주는 것에 익숙하다 보니 오히려 그렇게 하면 마음이 편하다고 느끼는 게 아닌가 생각이 들어요.

박주현

맞아요. 그래서 어떤 상황에서 아이들에게 "이거 해 볼까?"가 아니라 "이건 너희가 정해야 하는 거야."라며 의사결정의 주도권을 지속해서 줄 필요가 있다고 생각해요.

조희정

학생 개개인의 성향도 고려해야 할 필요가 있어요. 유치원에서도 아이들에게 의사결정을 하라고 했을 때, 적극적으로 참여하는 아이들이 있지만 소극적이고 내향적인 성격 탓에 그렇지 못하는 아이들도 있더라고요. 이런 아이들에게는 "네가 결정해 봐!"라는 상황이 너무 고통스럽고 힘든 거죠.

박주현

학생 개인적인 성향이라는 요소도 교사인 우리가 세심하게 고려해야 할 요소인 건 분명해요.

오연희

맞아요. 민주시민교육에서 적극적인 참여 의식이 시민으로서 필요한 역량이지만, 한편으로는 자신의 성격이 소극적이기 때문에 이런 문제에 적극적으로 참여하지 않는 것도 개인의 선택이기에 존중할 필요가 있어요. 다만 서로의 자유를 존중해 주는 민주 국가에서 소극성을 가진 사람들에 대해 무시하지 않고, 그 선택을 존중해 주며 포용과 관용의 자세로 함께 나아가는 관점이 중요하다고 생각해요.

박주현

저는 청소년의 사회참여를 방해하는 요소 중 하나가 '어른들의 암묵적인 선택의 강요'라는 생각이 들어요. 학교에서 수학여행지를 선택하는 설문조사를 할 때 "세 군데 중에서 하나 골라."와 같이 어느 정도 답을 정해 주거나, 평소 수업이나 생활지도를 할 때도 교사들의 언어들 속에 선택을 강요하는 메시지가 많아요. 쉽게 말해, 표면상으로는 'A 아니면 B'지만 어른들이 원하는 건 A니까 은근히 A를 선택하고 따르도록 이끌어 가는 경우가 많다는 거죠.

김병국

그러니까 아이들에게 은근히 어른들이 정해 놓은 답을 유도하고 있다는 말씀이시군요?

박주현

네. 그런 경우들이 생각보다 많아요.

조희정

저도 공감해요. 말로는 "너희가 선택한 거야."라고는 하지만, 알고 보면 결국 교사의 숨은 의도가 있을 때가 있거든요.

오연희

사실 아이들에게 선택권을 줄 때 현실성, 안전성 등을 고려한 최소한의 가이드라인은 필요해요. 이런 범위 안에서 암묵적으로 어른들이 선택을 강요하고 있다면 그것은 민주시민 의식에 역행하는 게 되겠죠.

김병국

저도 무의식중에 아이들에게 제가 원하는 선택을 강요했던 것 같아서 반성하게 되네요. 우리가 많은 이야기를 나눴는데요. 청소년의 사회참여가 잘 이루어지지 못하는 이유를 입시제도의 평가 위주 문화, 가정에서의 의사결정 경험 부족, 학생 개인적인 성향, 어른들의 암묵적인 선택 강요 등으로 정리할 수 있겠습니다.

그렇다면 선생님들은 우리 아이들이 사회참여 의식을 왜 길러야 한다고 생각하세요?

박주현

저는 아이들이 자라나서 사회문제를 바라보는 비판적인 안목과 목소리를 낼 수 있는 의지를 학교에서 훈련해야 한다고 생각해요.

조희정

사회참여가 자기 의사를 제대로 표현하는 것이 중요하다는 점을 고려했을 때, 유치원 수준의 사회참여는 자기를 제대로 알고 존중하는 것부터 시작한다고 생각해요. 자기를 존중해야 남을 존중할 수 있는 거니까요.

오연희

조 선생님 말씀에서 좀 더 나아가서 민주시민교육의 핵심이 모든 인간이 태어나서 인간 존엄성을 가지고 다 살아갈 수 있는 사회라는 점을 고려할 필요가 있다고 생각해요. 우리 사회에서 또는 우리 지구에서 인간의 존엄성을 존중받지 못하고 있는 사람은 없는지를 살펴보고, 그걸 위해서 목소리를 낼 수 있어야 하는 거죠. 어딘가에서 차별받고 소외당하는 사람이 없는지 찾고 그것을 올바른 방향으로 변화시키려는 인식이 중요합니다.

김병국

그런 의미에서 본다면 사회참여 의식이라는 것은 결국 연대 의식과 함께 나아가야 하는 거군요?

오연희

네. 연대 의식이 없는 사회참여는 개인 또는 집단 이기주의로 될 수 있다고 봐요. 그러니까 당연한 권리를 누리지 못하고 있는 타인들을 위한 시선이 바탕이 된 사회참여를 해야지, 개인이나 특정 집단의 권리와 대우만을 위해서 사회참여를 하는 것은 바람직하지 않아요.

박주현

사회참여에서 연대 의식의 부재는 이기주의적인 성향으로 빠질 가능성이 큽니다. 그래서 연대 의식을 바탕으로 한 사회참여 의식을 기르는 데 중점을 두어야 한다고 생각해요.

김병국

선생님들과 이야기를 나누면서 그동안 우리의 사회참여 의식을 위한 교육이 여러 이유로 제대로 이루어지지 않았다는 반성과 함께 연대 의식을 바탕으로 한 사회참여 의식의 중요성을 알게 되었습니다. 무엇보다 중요한 것은 민주시민으로서 사회참여는 더 이상 선택이 아닌 의무이고, 책무성으로 인식해야 한다는 사실이 아닐까 합니다. 이러한 사실을 잊지 말고, 앞으로 우리 아이들이 사회참여를 통해 민주시민으로 성장하는 데 바람직한 교사의 역할을 진지하게 고민해 봐야겠습니다.

1.
자신의 목소리를 내는 아이들

이제는 기후위기 운동의 상징이 된 스웨덴의 17세 청소년 기후행동가 그레타 툰베리Greta Thunberg. 그녀는 2019년 유엔 기후행동 정상회의에서 각국 정상들을 향해 "당신들은 우리를 실망시켰다. 당신들이 우리를 저버린다면 용서하지 않을 것"이라고 호되게 질타했다.

그레타 툰베리는 학교를 결석하고 스웨덴 국회의사당 앞에서 기후대책을 촉구하는 1인 시위로 자신의 메시지를 알리기 시작했다. 전 세계 수백만 명의 청소년들이 '기후를 위한 결석 시위'[36]에 동참했고, 이에 한국의 학생들도 거리로 나와서 자신의 목소리를 당당히 외치기 시작했다.

EBS 다큐프라임 〈시민의 탄생〉에서 기후행동에 참여한 학생들은 "지구의 기후변화 대응을 위한 변화를 이끌어 내기 위해 실질적으로 행동하는 것이 필요하겠다."라고 생각하고 거리로 나왔다고 말한다. 그들은 자신들이 절대 특별하지 않다고 강조하며, 오히려 자신들을 특별하게 바라보는 사람들의 시선과 인식이 잘못되었음을 지적한다.

이러한 청소년의 모습은 학교 밖의 기후행동 시위나 집회뿐만 아니

---

36. 기후를 위한 결석 시위: 정부, 화석 연료 산업에 관여하는 기업 등을 대상으로 기후변화에 적극적으로 대응할 것을 요구하는 전 세계 청소년들의 결석 시위.

EBS 다큐프라임 〈시민의 탄생(2부 이런다고 바뀔까요?)〉에서

라 우리가 흔히 '초딩'이라고 말하는 초등학생에게서도 찾아볼 수 있
다. 서울삼양초등학교의 학생들은 '창의클래스 프로젝트'를 통해 토론
을 거쳐 학교 옥상계단과 뒤뜰, 텃밭 등 학교 공간을 멋지게 바꾸었다.
수송초등학교의 학생들은 국립중앙박물관에 도시락을 먹을 수 있는
공간이 없다는 문제를 발견하고, 자발적으로 민원을 내고 언론에 글
을 기고하는 등의 지속적인 노력을 하여 결국 50석 규모의 도시락을
먹을 수 있는 '쉼터' 공간을 마련했다.

 그레타 툰베리와 기후행동 시위에 참여한 청소년들, 학교 공간을 바
꾸고 국립중앙박물관에 쉼터를 만든 초등학생들은 민주시민교육의 사
회참여 역량을 고스란히 발휘한 사례들이다.

삼양초 공간 혁신 사례

국립중앙박물관 도시락 쉼터

2.
사회참여, 그게 뭔데?

"우리 사회에서 청소년을 배제하는 것은 자신의 생명선을 자르는 것이며, 그 사회는 결국 출혈 과다로 죽을 운명에 놓인다."

1998년 리스본에서 열린 청소년 담당 장관 세계회의에서 코피아난 전 UN 사무총장의 말이다. 우리 사회에서 청소년의 사회참여가 얼마나 중요한지를 언급한 대목이다. 그렇다면 사회참여란 무엇일까?

'참여'라는 말부터 정확히 짚고 넘어가자. 표준국어대사전에 명시된 참여의 정의는 "어떤 일에 끼어들어 관계함"이다. 여기서 주목해야 할 것은 '관계'라는 단어이다. '관계'란 "둘 이상의 사람, 사물, 현상 따위가 서로 관련을 맺거나 관련이 있음. 또는 그런 관련"이라고 정의되어 있다. 이러한 사전적 정의로 미루어볼 때, '참여'의 의미를 다시 정리해보면 아래와 같다.

> 참여[명]
>   어떤 일에 함께하며 서로 관련을 맺는 주체적인
>   행위.

참여의 의미를 바탕으로 민주시민교육에서 말하는 청소년의 사회

참여에 대해 알아보자. 우리나라도 비준한 국제법인 유엔아동권리협약에서 청소년의 사회참여와 관련된 내용을 찾아볼 수 있다.

제12조 (아동의 견해 존중)

① 당사국은 자신의 견해를 형성할 능력이 있는 아동에 대하여 본인에게 영향을 미치는 모든 문제에 있어서 자신의 견해를 자유롭게 표현할 권리를 보장하며, 아동의 견해에는 아동의 연령과 성숙도에 따른 정당한 비중이 부여되어야 한다.

② 이러한 목적을 위하여 아동에게는 자신에게 영향을 미치는 어떠한 사법적·행정적 절차에서도 직접 또는 대리인이나 적절한 기관을 통하여 진술할 기회가 국내법적 절차에 합치되는 방법으로 제공되어야 한다.

위 조항에서는 사회참여를 여러 영역을 포괄하는 광범위한 용어로 나타내고 있지만, 결국 핵심적인 내용은 국가는 아동의 견해를 존중해야 하며 이를 표현할 기회를 사회적·제도적으로 보장해야 한다는 점이다.

좀 더 가까운 곳으로 눈을 돌려 보자. 우리나라의 최상위법이자 국가의 근본법으로서 국민의 기본권을 보장하고 있는 「헌법」의 전문에서 사회참여의 단서를 찾아볼 수 있다.

"3·1운동으로 건립된 대한민국임시정부의 법통과 불의에 항거한 4·19 민주이념을 계승하고, 조국의 민주개혁과 평화적 통일의 사명에 입각하여 정의·인도와 동포애로써 민족의 단결을 공고히 하고, 모든 사회적 폐습과 불의를 타파하며, (……)
정치·경제·사회·문화의 모든 영역에 있어서 각인
의 기회를 균등히 하고, 능력을 최고도로 발휘하
게 하며, 자유와 권리에 따르는 책임과 의무를 완
수하게 하여…"

법률 용어로 딱딱하게 표현되어 있지만, 「헌법」 전문에서 말하는 시
민의 모습을 쉽게 표현하자면 "잘못된 점을 바로잡고, 정의를 구현하
기 위해 책임을 다하는 시민"이라고 정리할 수 있다.

조금 지루할 수 있겠지만 청소년 사회참여에 대해 학자들의 견해는
어떠한지 간단하게 살펴보자.

윈터Winter[1997]는 청소년들이 능동적으로 자신의 생활환경에 참여
하는 기회라고 말했으며, 하트Hart[1997]는 자신의 삶과 사는 지역사회
에 영향을 주는 의사결정을 공유하는 과정이라고 보았다. 또한 유럽평
의회Council of Europe[1992]에서는 책임과 의무를 갖고 스스로 의사결정
을 하도록 허용되고, 장려되어야 할 청소년의 권리라고 발표했다. 또한
김형주 외[2003]는 청소년 참여에 대해 "청소년들의 삶의 조건과 환경에
영향을 미치는 국가 정책의 결정 과정, 지역사회의 각종 결정, 학교 혹
은 가정의 여러 결정 과정에 청소년들이 자신의 생각과 주장을 가지
고 참여하여 정책 결정에 영향을 미치려는 노력"이라고 정의했다.

기존 연구들과 학자들의 자료에서는 청소년 참여에 대해 논의하는
차원이나, 이를 정의하는 용어도 다양하다. 하지만 공통적인 요소를
찾아보면, "의사결정 과정에서의 영향력을 미치는 참여"로 집약할 수
있다. 이를 바탕으로 청소년 사회참여의 의미를 나름대로 한 문장으
로 정리한다면 아래와 같이 말할 수 있다.

"청소년 사회참여란
청소년이 자신의 삶 또는 사회문제에
구체적인 영향을 미치는 의사결정에 관여하는 과정"

　민주적인 자질과 합리적이고 주체적인 실천 능력을 지닌 시민은 민주주의 사회의 기반이다. 이러한 측면에서 민주시민교육에서의 사회참여는 굉장히 중요한 요소이다. 의견을 표현하고, 의사결정에 영향을 미치며, 변화를 이끌 기회를 가진다는 측면에서 사회참여는 능동적인 활동인 동시에 상호작용하는 것이다. 즉, 사회참여는 사려 깊고 책임 있는 결정을 통한 사회의 변화를 이끌 수 있는 민주주의의 가장 핵심적인 요소이다.

3.
사회참여, 그 장엄한 역사여!

청소년 사회참여의 역사는 우리나라의 독립운동과 민주화 운동의 역사와도 밀접한 관련이 있다. 이는 역사적으로 우리나라 청소년들이 역사의 주체로서 자신을 인식하고 지식이 아닌 실천과 행동을 삶의 무기로 싸웠음을 의미한다. 그 장엄한 역사를 함께 살펴보자.

학생들이 참여한 일제강점기의 독립운동

일제강점기 독립운동의 역사를 살펴볼 때, 청소년이 한 역할을 빼고 이야기할 순 없을 것이다. 당시 학생들은 일본인 교사 배척, 조선어 교육을 요구하는 동맹 휴학 운동, 농촌을 중심으로 전개한 문맹 퇴치 운동, 근로 청소년을 대상으로 한 야학 운동 등에 참여했음은 물론, 일제강점기 3대 독립운동에도 깊이 연관되어 있었다.

먼저 3·1운동에서 학생들이 행동한 과정을 살펴보자. 학생들은 3·1운동의 도화선에 불을 당겼다. 3·1운동의 계기 중 하나는 2·8 독립선언이었다. 도쿄에서 유학 중이던 학생들이 미국 대통령 윌슨의 민족자결주의에 영향을 받고, 도쿄 조선기독교청년회관에서 한국 유학생 대회를 열어 독립선언서를 낭독했다. 식민국이었던 일본에서 보인 학생들의 용기가 3·1운동에 불을 지필 수 있었다.

또한 3·1운동을 시작하고 전국적으로 퍼뜨릴 때도 학생들이 있었다. 학생들은 독립선언서를 서울 지역 학교와 시내에 배포하는 역할을 맡았으며, 3월 1일 탑골공원에 모이기로 했다는 소식을 알렸다. 당일에 막상 독립대표들이 탑골공원에 나타나지 않자 공원에서 민족대표들을 기다리던 학생들과 시민들은 스스로 독립선언식을 하고 만세운동을 벌였다. 3·1운동은 반만년 우리 역사에서 '대한제국'을 '대한민국'으로, '백성'을 '시민'으로 전환시킨 사건이기에 그 의의가 특별하다.

3·1운동 이후 학생들은 다양한 학생조직을 만들고 발전시켰다. 조선학생과학연구회, 조선공학회, 서울학생구락부, 경성학생연맹 등 사회주의 계열 학생 단체들도 많이 생겼다. 이 단체 중 조선학생과학연구회는 6·10만세운동의 한 축을 담당했다. 중등학교 학생들 중심의 통동계 역시 6·10만세운동의 한 축이었다.

6·10만세운동 이후 학생들은 이전보다 더 많은 활동을 조직적으로 진행했다. 당시 학생운동의 일반적인 형태였던 동맹휴학은 1927년을 기점으로 그 횟수가 크게 늘었다. 시위 운동이나 시민들과 연계해 투쟁하는 일도 있었다. 이러한 배경에서 광주학생항일운동이 일어났다. 1929년 10월 30일 광주고등보통학교(이하 광주고보) 학생들과 일본인 학교인 광주중학 학생들이 충돌했다. 출동한 일본 경찰들이 일방적으로 일본인 학생의 편을 들자 광주고보 학생들은 광주에서 시위를 벌였고, 이를 시작으로 11월 12일에는 광주의 타 학교 학생들이 참여한 대규모 시위로 확산했다. 이 소식은 타 지역 학교에도 전해졌고, 전국 각지의 학생들은 가두시위를 계획하거나 동맹휴학을 하는 등 항일운

동에 동참했다.

정치권의 독재 권력에 반발했던 청소년들

대한민국의 독립 이후에는 독재 권력에 맞선 청소년들의 시위가 이어졌다. 여러 굵직한 시위에서 청소년들의 활약은 빼놓을 수 없다. 지방의 고등학교 학생들이 이승만 정권이 벌인 3·15부정선거에 항의하는 시위를 진행했다. 정당한 참정권을 요구하며 학생들과 시민들이 들고일어난 것이다. 이러한 상황에서 경남 마산에서 최루탄을 눈에 맞고 만신창이가 된 마산상업고등학교 학생 김주열의 시신이 발견되었고, 이를 계기로 3만 명의 대학생과 고등학교 학생들이 거리로 쏟아져 나왔다. 이것이 4·19혁명의 시작이었다. 이후 수많은 시민도 시위에 참여하면서, 결국 4월 26일 이승만은 대통령 자리에서 물러날 것을 약속했다. 4·19혁명은 광복 이후 민주주의의 발전을 위해 학생들과 시민들이 광장에 나와 독재 정권을 무너뜨리는 결과를 끌어냈다는 점에서 그 의미가 무척 크다.

이후에 유신체제, 12·12사태 등 군부 세력이 정권을 잡으면서 우리나라는 다시 독재의 늪으로 빠지게 된다. 이런 과정에서 오직 민주주의를 위해 학생들과 시민들은 다시 광장으로 나온다. 바로 5·18민주화운동과 6월 항쟁이다. 두 사건 모두 어린 학생들이 시민들과 함께 참여하여 민주화를 부르짖었다는 공통점이 있다. 특히 6월 항쟁은 대통령을 다시 시민들의 손으로 뽑는 대통령직선제 쟁취라는 결과를 얻어 내는 성과를 거두었다.

학생들의 권리를 찾기 위한 운동의 시작

1980년대 후반부터 학생 시위는 과거와 조금 다른 양상을 보인다. 과거의 정치 권력에 대한 항거에서 벗어나, 학교의 민주화를 요구하는 움직임이 나타났다.

서울지역 고등학생연합회의 학생들이 '보충수업, 자율학습 폐지 운동'을 벌였으며, 평범한 고등학생인 최우주 학생은 청와대, 교육부, 강원도교육청 등에 야간 자율학습과 두발 제한, 체벌 등의 행위가 청소년의 인권을 침해한다는 민원을 제출했다. 이러한 요구는 청소년들의 적극적이고 조직적인 행동을 촉구했고, 청소년 인권에 대해 대중들이 관심을 두게 된 계기가 되었다.

이렇듯 청소년들은 오래전부터 불합리한 사회나 정치에 대해 문제의식을 느끼고 거리로 나왔고, 그들의 목소리를 부르짖으며 행동해 왔다. 그야말로 그들이 역사의 변화를 끌어낸 주역이었다. 오늘날 우리 아이들도 외현화되지 않을 뿐, 내재적인 사회참여 동기와 행동할 힘이 있음을 역사는 증명하고 있다.

4.
사회참여, 경로를 이탈하였습니다

　다음의 통계 자료는 청소년도 사회나 정치 문제에 관심을 두고 의견을 제시하는 등 사회에 참여할 필요가 있다는 설문에 대한 결과이다. 이를 통해 청소년, 특히 고등학생의 사회참여 의식이 갈수록 높아지고 있으며, 사회참여의 필요성을 청소년 스스로 인지하고 있음을 보여 준다. 그러나 이것을 보고 '아이들이 사회참여 의식이 점점 높아지고 있다니 참 다행이다!'라는 안도감보다는 '뭔가 잘못된 거 아닌가?' 하는 의심과 함께 큰 충격을 받았다.

한국청소년정책연구원, 「아동청소년인권실태조사」

한국청소년정책연구원, 「아동청소년인권실태조사」

구분	계	그렇지 않다			그렇다		
		합계	전혀 그렇지 않다	그렇지 않은 편이다	합계	그런 편이다	매우 그렇다
초등학생	100	17.2	5.4	11.8	82.9	48.6	34.3
중학생	100	11.1	2.7	8.4	89	56.1	32.9
고등학생	100	7.4	2.2	5.2	92.6	55.8	36.8

'정말 우리 아이들이 사회나 정치 문제에 관심이 있다고?'

'정말 의견을 제시하고 사회에 참여할 필요가 있음을 느끼고 있다고?'

우리 아이들을 무시할 생각은 추호도 없지만 내가 만나는 교실 속 우리 아이들의 모습을 보고 있자면 저 통계 결과는 마치 다른 나라 이야기라는 생각이 든다.

교실 속 대부분의 아이들이 책상에 엎드려 자고 있다

내가 인문계 고등학교에 근무하면서 가장 많이 느낀 감정은 아이들에 대한 '안타까움'이다. 아마도 인문계 고등학교에 근무해 본 경험이 있는 선생님이라면 격하게 공감할 것이다. 무엇인가에 짓눌린 듯한 발걸음으로 등교하는 모습, 수업 시작과 동시에 엎드려 버리는 아이들, 시험 성적을 보며 또다시 머리를 파묻는 아이들. 입시 지옥 속에 갇혀 아무것도 하지 못하는 모습이 대부분이다. 고등학생들의 이러한 무기력한 모습은 이제는 일상이 되어 버린 듯하다.

그런데 이런 아이들에게 사회참여라니, 가능하긴 할까? 걱정부터 앞선다.

우리 아이들은 어쩌다 길을 잃어버린 걸까?

아이들이 큰 소리로 책을 읽는다
나는 물끄러미 그 소리를 듣고 있다
한 아이가 소리 내어 책을 읽으면
딴 아이도 따라서 책을 읽는다
청아한 목소리로 꾸밈없는 목소리로
"아니다 아니다!" 하고 읽으니
"아니다 아니다!" 따라서 읽는다
"그렇다 그렇다!" 하고 읽으니
"그렇다 그렇다!" 따라서 읽는다
외우기도 좋아라 하급반 교과서
활자도 커다랗고 읽기에도 좋아라
목소리 하나도 흐트러지지 않고
한 아이가 읽는 대로 따라 읽는다

이 봄날 쓸쓸한 우리들의 책 읽기여

우리나라 아이들의 목청들이여

_ 김명수, 「하급반 교과서」

그렇게 밝고 활기차던 어린 시절의 모습은 온데간데없고, 고등학생이 된 우리 아이들은 도대체 언제부터, 무엇 때문에 사회참여 의지를 잃어버린 채, 바람 빠진 풍선 인형처럼 무기력함으로 가득 차 버린 것일까? 주체적인 자신의 모습을 보지 못하고, 그저 '쓸쓸한 책 읽기'만 반복하는 것일까?

아무래도 가장 큰 원인은 서열화된 대학 시스템과 입시제도, 그로 인한 성적 중심의 과열된 경쟁일 것이다.

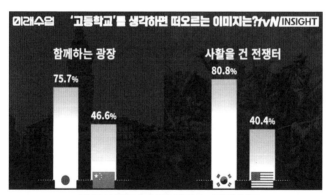

tvN 인사이트 뉴노멀 강연쇼 〈미래수업〉

내 옆에 앉은 친구는 경쟁자가 되고, 배움의 공동체라는 학교는 그야말로 내신 전쟁터가 되었다. 이미 우리 아이들은 좋은 대학에 들어가는 것이 목표가 되어 버려서, 그 목표가 멀어졌다고 느끼는 순간 그렇게 쉽사리 엎드려 버리는 것이다. 이러한 교실을 만들어 두고는 그

안에서 힘겨운 싸움을 이어 가야 하는 아이들에게 우리 사회는 무엇을 기대하나? 학교에 가는 것, 수업을 듣는 것 자체도 힘겨워하는 아이들에게 사회참여를 하라는 것은 어불성설일 것이다.

또 다른 원인으로 가정에서 어린 시절부터 의사결정 참여 경험의 부족을 지적할 수 있다. 유교 중심의 가부장적 문화의 잔재와 어린이들을 의사결정의 주체로 보지 않는 어른들의 고정관념 등은 참여 의지의 신장은커녕 오히려 수동적이고 순종적인 아이들을 만들어 내고 있다.

가족 여행을 간다고 가정해 보자. 대부분의 가정에서 여행의 목적지와 이동 수단, 숙소 등 모든 것을 부모가 결정한다. 그렇게 출발한 가족 여행에서 아이는 어떤 마음일까? 아이는 그저 그 여행을 따라가는 수동적인 존재이기에 여행의 즐거움에는 분명 한계가 있을 것이다. 이렇듯 어렸을 때부터 의사결정 참여 과정을 경험해 보지 못했기에 학생이라는 구성원으로서 참여의 필요성과 의지를 못 느끼는 것은 어쩌면 당연한 현상일지도 모른다.

그리고 우리 아이들의 사회참여 의지를 가로막는 장애물로 청소년을 여전히 미성숙한 존재로 보는 기성세대의 편견이 떡하니 버티고 서 있다.

다음 자료는 사회참여가 어려운 이유에 대해 '청소년을 미성숙한 존재로 보는 사회의 편견'이라고 청소년들 스스로 지적했다는 점에서 의미가 있다. 마치 "우리를 더 이상 미성숙한 존재로 보지 말아 주세요!"라는 외침이 들려오는 듯하다.

'머리에 피도 안 마른 것들'이라는 말이 있다. 이는 지극히 어른들의 관점에서 생겨난 말이다. "머리에 피도 안 마른 것들이 어디 감히 나서?"처럼 이 말과 어울리는 표현들은 나이가 어린 사람들을 무시하고,

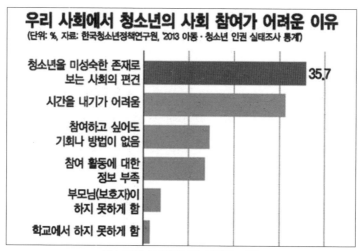

청소년의 사회참여가 어려운 이유

비판할 때 쓰이는 경우가 대부분이다.

청소년을 머리에 피도 안 마른 것들로 바라보는 어른들의 시선과 인식은 가정, 학교, 지역사회 등 아이들이 만나는 대부분의 세상에 존재한다. 아이들은 어린 시절부터 이러한 어른들의 암묵적인 시선과 인식에 이미 학습되어, 자신의 가치판단에 따라 의사결정을 충분히 할 수 있음에도 '나는 머리에 아직 피도 안 말랐어'라고 생각해 버리는 것이다.

교사인 나도 학생들을 온전하게 믿고 있고 존중하고 있는지 떳떳하게 말하기는 힘들 것 같다. 아이들에게 무엇인가를 맡겼을 때, '애들이 잘할 수 있을까?'라는 불안과 의심이 여전히 내 마음속에 자리한다. 하지만 어쩌면 학생들을 온전히 믿고, 존중하지 못하는 나의 인식이 아이들의 사회참여 의지를 잃어버리게 한 것 아닌가 반성하게 된다.

사회참여, 어떤 방향으로 나아가야 할까?

앞서 언급했듯이 우리나라 청소년들의 사회참여는 그 필요성에 대해서는 청소년 자신도 인식하고 있지만, 여러 가지 요인들로 인해 실천과 행동으로 옮기는 경우는 거의 없다. 이와 달리 다른 나라의 청소년들은 사회문제나 정책에 대해 직접 목소리를 내고, 청소년들의 의견이 정책에 반영되기도 한다.

프랑스는 매년 어린이 의원들이 모여서 법률안을 만들고, 최우수 법안을 선정한다. 지역구 의원들은 이 법안을 공식 법률로 만들지 여부를 반드시 검토해야 한다. 이런 과정을 거쳐 어린이 의원들이 만든 여러 법안이 제정되었다. 대만에서는 2005년 중고교생들이 '두발 규제 반대 운동'을 벌였다. 인터넷 토론방을 통해 10만 명이 넘는 인원이 모였고, '학생 두발 규제 금지 자치협회'까지 조직되었다. 이에 당시 대만 교육부는 "두발 규제는 권위주의 통치의 잔재로 학생 인권을 침해한다."라고 발표하며 두발 규제 전면 폐지를 결정했다.

물론 우리나라의 청소년들도 민주화 운동의 역사에서 드높은 사회참여의 모습을 보여 주었다. 그러나 오늘날 청소년들의 사회참여가 실천과 행동으로 이어지는 경우는 '특별한 일'이라고 지칭할 만큼 드물다. 그나마 다행인 것은 청소년의 사회참여 필요성에 대해 그들 스스로가 인식하고 있다는 점이다.

그렇다면 우리 아이들을 사회라는 무대로 과감하게 나오게 하기 위해서는 어떤 교육적 방향이 필요할까?

모든 아이들이 일상에서 사회참여로 나아가도록!

현재 우리나라의 청소년 사회참여와 관련된 프로그램은 다양하다. 경기도나 전라북도 등 지역별로 '청소년 정책제안 발표대회'를 개최하여 청소년들이 지역사회에 변화가 필요한 부분을 직접 찾고, 이를 변화시킬 수 있는 다양한 아이디어를 제안하는 활동을 전개하고 있다.

경기도 정책제안 발표대회 포스터

전라북도 정책제안 발표대회 포스터

또한 민주화운동기념사업회에서 매년 주최하고 있는 청소년 사회참여 발표대회도 있다. '세상을 바꾸는 아름다운 사회참여'라는 슬로건으로 청소년들이 주변의 문제점을 찾아 그 해결 방안을 공공정책으로 제안하는 장을 마련하고 있다. 이 밖에도 청소년 특별회의, 청소년참여위원회, 청소년운영위원회 등의 청소년참여기구를 통해 정책 제안 및 실천 활동을 조직적으로 진행하고 있다.

청소년참여기구를 통한 사회참여 활동

구분	정책 제안 범위	내용	법적 근거
청소년 특별회의	범정부적	청소년과 청소년 분야의 전문가가 함께 참여하여 청소년 정책과제를 발굴하고 제안하는 전국 단위 회의체	청소년 기본법 제12조
청소년 참여위원회	시·도, 시·군·구	국가 및 지방자치단체가 청소년 관련 정책 수립과 시행 과정에 청소년의 의견을 수렴하고 참여를 촉진하기 위해 운영하는 기구	청소년 기본법 제5조의2
청소년 운영위원회	청소년수련시설 (청소년수련관, 청소년문화의집)	청소년수련시설(청소년수련관, 청소년문화의집 등) 시설 및 사업, 프로그램 운영과 관련한 의사결정 과정에 청소년이 참여하는 기구	청소년활동 진흥법 제4조

얼마 전 전남 보성군에서는 보성교육지원청 주최, 보성학생연합자치회 주관으로 청소년 정책제안 토크 콘서트를 열었다. 보성 청소년증 확산 및 대중화, 깨끗한 우리 동네 만들기, 자전거길 만들기, 통학버스 승하차 표지판 설치 등 학생들의 정책 제안들을 중심으로 군정 운영의 궁금증과 방향성에 대해 소통의 시간을 가졌다. 단순히 청소년

의 정책 제안에서 끝나지 않고 실제 정책 실행 주체 기관과 함께 논의하는 과정까지 이루어졌다는 것이 참 인상 깊다.

이렇듯 우리나라의 청소년 사회참여를 독려하고, 펼칠 수 있는 다양한 프로그램이 진행 중이며, 이를 통해 청소년들에게 사회참여의 기회와 경험을 제공함으로써 성숙한 민주시민으로 성장하는 계기를 마련하고 있다.

그러나 이러한 청소년 사회참여 프로그램들은 주로 학교 밖의 활동이라는 점, 그리고 소수의 청소년만 경험할 수 있다는 점은 분명한 한계이다. 소수의 아이만 경험할 수 있는 일회적인 사회참여 프로그램들은 민주시민교육에서 말하는 사회참여의 본질과는 거리가 멀기 때문이다.

우리는 일상적으로 만나는 교실 속 평범한 아이들을 위한 사회참여 교육을 고민해야 한다. 일상적인 학교생활이나 자신의 삶 속에서 대수롭지 않게, 어렵지 않게 실천할 수 있는 사회참여 방안을 적용해야 한다.

이를 위해서는 무엇보다 언제 어디서든지, 누구나 말할 수 있고, 참여할 수 있는 자연스러운 분위기가 조성되어야 한다. 사회 단위의 분위기 조성이 현실적으로 어려우니 학교 단위, 교실 단위에서부터 이러한 분위기를 만들어 가야 한다.

분위기 조성이라는 측면은 매우 중요하다. 언제부턴가 유대인의 전통적 학습 방법인 하브루타 교육이 '짝을 지어 질문하고 대화, 토론, 논쟁'하는 공부 방법으로 대두되었다. 하지만 하브루타를 단순히 공부 방법의 하나로만 이해하는 것은 위험하다. 하브루타의 본질은 언제 어디서든지 질문하고 토론하며 생각하는 것이 자연스럽도록 가정에서부터 만들어지는 문화에 있다. 유대인들은 아이를 임신했을 때 태아에게 책을 읽어 주고 이야기를 들려준다. 아버지와 자녀는 가정에서 식사하면서 질문하고 답변하는 것이 어색하지 않다. 자녀가 잠들기 전에 어머니가 동화를 들려주면서 대화를 나눈다. 이는 질문하고 토론하는 것이 당연하게 받아들여지는 사회적 분위기가 형성되고, 곧 문화가 되는 것이다.

하브루타의 예에서 본 바와 같이 민주시민교육에서 사회참여가 의미 있게 자리 잡기 위해서는 무엇보다 우리 교실에서부터 적극적인 참여 분위기를 만들어 가는 것이 중요하다. 우리 아이들이 자기 생각을 표현하고, 변화의 목소리를 내는 것이 더 이상 학교 밖의 특별한 행사나 프로그램이 아닌, 당연하고 자연스러우며 누구나 할 수 있는 것으로 인식하는 분위기를 만들어 가야 한다.

이러한 분위기가 바탕이 된다면, 사회참여의 주체가 특정 소수의 아이로 한정되는 것이 아닌 절대다수의 많은 아이로 확장될 수 있는 것이다. 소수의 엘리트 아이들의 사회참여 역량이 눈부시게 성장하는 것보다 대부분의 아이가 사회참여 의지를 갖추고 실천할 줄 아는 것이 더욱 건강한 민주주의 사회를 만들 수 있다.

현재 '대의제'라는 민주주의 방식인 우리 사회에서 많은 아이들이 사회참여 의지를 갖는다는 것은 매우 중요한 요소이다. 대의 민주주의 자체가 인구가 급격하게 늘고 사회 구조가 복잡해짐에 따라, 국민들이 공공의 문제에 대하여 직접 참여하는 것이 어려워져서, 그 대안으로 발전해 온 것이기 때문에 민주주의의 본질적 요소 중 하나인 모든 국민의 정치적 참여를 완전하게 보장할 수 없다. 이로 인해 국민은 정치로부터 소외되고, 결국 정치가 소수 엘리트의 전유물이 되는 결과까지 초래할 수 있다. 이러한 점에서 오늘날의 민주주의에서 가장 문제가 되는 것이 바로 보편적 다수의 참여 문제이다. 그렇기에 대의 민주주의의 한계를 극복할 수 있는 것은 다수의 시민들 관심과 참여 의식이다.

이러한 관점을 고려한다면, 청소년의 사회참여 역량을 키우는 교육은 자신의 일상생활 속에서 적극적으로 참여할 수 있도록 하는 '일상성'과 누구나 사회참여를 할 수 있도록 하는 '보편성'이란 요소에 나침판을 맞춘 뒤 한 걸음 한 걸음 나아가야 한다.

학생들의 목소리가 가득한 학교가 되어야, 미래 세대인 청소년들의 목소리가 가득한 사회를 만들 수 있다.

세대와 시대를 알고, 청소년 사회참여를 말하자!

우리는 청소년의 세대 특징과 시대의 변화를 고려하여 사회참여 교육을 고민해야 한다. 먼저 우리 아이들 세대의 특징에 대해 살펴보자.

1996년부터 2010년 사이에 출생한 사람들, 즉 2021년 현재 중학생부터 사회 초년 직장인까지의 세대를 'Z세대'라고 한다. 흔히 우리가 청소년이라고 지칭하는 세대라고 할 수 있다. Z세대의 특징은 디지털 시대에 출생하여 IT 기기 환경과 기술에 능숙한 '디지털 네이티브 Digital Native'라는 점이다. 검색, 학습, 소비, 소통 등을 온라인 플랫폼으로 해결하고, TV보다는 SNS가 더 친숙하다.

Z세대의 뒤를 이어서 등장하는 세대를 '알파 세대'라고 한다. 2021년 현재 초등학생 대부분이 여기에 해당한다. 알파 세대는 유아기부터 스마트폰, 스마트패드, 스마트 스피커를 접하면서, 스마트 기기를 놀이 도구와 학습 및 교육 도구로 사용한 세대이다. 그렇기에 새로운 스마트 기기도 별도의 설명서 없이 직관적으로 사용할 수 있다.

9살 딸아이가 아이패드를 조작하고 있다.

우리가 교실에서 만나는 아이들은 Z세대와 알파 세대로서, 두 세대의 공통점은 자유자재로 다룰 수 있는 스마트 기기로 완전 무장하고, 제4차 산업혁명의 전환기에서 개성으로 폭풍 성장하고 있다는 점이다.

청소년 세대의 특징뿐만 아니라 시대의 변화에 따른 오늘날 사회참여의 형태도 면밀히 들여다볼 필요가 있다. 갈수록 복잡하고 다분화되는 공공 문제와 제4차 산업혁명으로 대표되는 사회 변화의 가속화로 인해 이를 해결하려는 정부의 노력도 한계에 다다르고 있는 시점이다. 이는 오늘날 정부가 사회문제 해결을 모두 감당하기에는 점점 더 어려워지고 있다는 것을 의미한다. 이에 시민들은 자신들이 직면한 사회문제를 정부에 마냥 의존하기보다는 스스로 해결하려는 시도들이 많아지고 있다. 이러한 움직임의 대표적인 예가 '시빅 테크'이다. 시빅 테크는 'Civic(시민, 시민의)'과 'Tech(기술)'가 결합한 말이다. 자발적으로 모인 시민들이 정보통신기술을 활용하여 공공 문제나 사회문제의 해결책을 직접 모색하고 참여하는 시민운동을 의미한다.

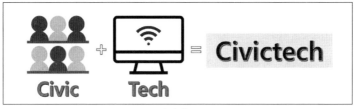

시빅테크

새로운 시민 참여로서의 시빅 테크는 전통적인 시민 참여와 달리, 시민 단체 및 지역 공동체 등과 같은 전통적인 매개 집단이나 조직의 틀에 얽매이지 않는다는 특징이 있다. 정보통신기술을 통해 시민들이 정보를 손쉽게 받음으로써, 시민들이 더욱 다양한 의사결정 과정에 참여하는 접근성이 높아져 커뮤니티의 확대도 촉진된다. 커뮤니티 활동은 시민들이 일정한 문제를 해결하기 위한 자금 모음, 정보 공유, 시민운동 조직, 토론 및 포럼 개최 등이 있다. 시빅 테크를 보여 주는 대표적인 커뮤니티 단체로 정부의 올바른 공공 정보 개방을 촉구하는 '코드나무'가 있다.

'열린 정부-정부2.0'에 대해서 다양한 의견들이 있지만, 공공 정보는 시민들에게 개방되어야 하고 시민과 정부가 협업을 통해서 공공 가치의 창조를 만들어 내야 한다는 생각에는 모두 동의할 것입니다. 하지만 정부2.0을 실현하는 것은 말처럼 쉽지 않습니다. 새로운 개념이다 보니 시민들도 능동적인 참여보다는 정부를 탓하는 일에 익숙해져 있고 정부에서도 공공 정보 개방을 잘못했다고 오는 비난의 화살을 피하고·싶어 합니다. 코드나무에서는 해외의 사례들을 국내의 정부 분들에게 소개를 하기도 하고 관련 책들을 번역을 해서 정부 분들에게 직접 책을 보내기도 했습니다. 하지만 아직 우리가 원하는 방향으로 공공 정보가 개방되거나 시민들의 참여를 끌어낼 수 있는 플랫폼이 제공되고 있지 않습니다. 코드나무는 자발적인 민간 커뮤니티에서 시민 스스로 문제를 해결하는 코드로 보다 나은 세상을 만들고자 합니다.

_ 코드나무 홈페이지 https://codenamu.org/

이처럼 시빅 테크는 정보통신기술을 적극적으로 활용함으로써 사회의 공공 가치 회복에 기여하고, 시민이 사회의 중심 주체로 부상한다는 점에서 우리 사회의 민주주의에 크게 기여한다. Z세대와 알파 세대인 디지털 원주민, 정보통신기술의 발전에 따른 시빅 테크의 대두, 이러한 요인들이 사회참여 교육에 시사하는 바는 무엇일까?

우리 아이들이 사회참여의 의지만 있다면, 언제 어디서든지 행동으로 옮길 수 있으며, 변화도 끌어낼 수 있는 환경과 조건이 갖춰졌음을 의미한다. 즉, 오늘날의 사회참여 형태는 복잡한 절차 없이 온라인, 디지털 플랫폼 등을 통해 누구나 쉽게 참여할 수 있는 것이다.

이제는 우리 아이들의 사회참여 의지와 청소년의 사회참여에 대한 어른들의 열린 마음만이 필요할 뿐이다.

5.
정치참여와 선거교육, 잃어버린 권리를 찾다

"민주주의가 성립하기 위해서
우리는 단순 관찰자가 아닌 참여자가 되어야 한다.
투표하지 않는 자, 불평할 권리도 없다."

_ 루이스 라모르

민주시민이 정치에 참여하는 것은 선택이 아닌 필수이며, 시민들의 적극적인 정치참여는 건강한 민주 사회를 만들 수 있다. 흔히 '정치'라고 하면 국회나 행정부와 같은 국가기관이나 정치인, 선거 등의 키워드가 먼저 떠오른다. 좁은 의미의 '정치'는 국가와 관련된 활동, 즉 정치 권력의 획득과 유지 및 행사 과정과 관련된 활동을 뜻한다. 선거에 출마하거나 투표에 참여하는 것, 국정 운영, 국회의 입법 활동 등이 이에 해당한다. 이러한 의미에서 보면 정치는 우리와는 상관없는 먼 이야기이며 선거 이외에는 참여하기 힘든 것으로 생각하는 경우가 많다. 그러나 넓은 의미에서 정치를 바라본다면 국가뿐만 아니라 사회 구성원 간 이해관계의 대립과 갈등을 합리적으로 조정하고 해결해 가는 과정이라 할 수 있다. 쉽게 말해 학급 회의 과정도 하나의 정치 행위라고 할 수 있다. 즉 '정치'는 모든 사회적 활동에 직간접적으로 관련이 있으며, 그렇기에 청소년 시기부터 일상 속에서 정치에 관심을 가지고 참여하는 것이 매우 중요하다.

2019년 12월 27일 선거 연령을 만 18세로 확대하는 공직선거법 개정안이 통과되었다. 만 18세 청소년들의 선거권을 국가가 인정한 것이다. 그리하여 2020년 4월 15일에 실시되었던 제21대 국회의원 선거는 청소년이 참여한 첫 선거가 되었다.

중앙선거관리위원회 청소년 선거 참여 홍보 자료

이러한 청소년의 선거권 부여는 다양한 의의가 있겠지만, 무엇보다 청소년이 선거라는 방식을 통해 정책 결정 기구에 투입되어 정책으로 산출될 수 있는 일련의 정치 과정에 참여한다는 것이 중요하다. 이는 그동안 늘 문제시되어 온 젊은 세대의 정치적 무관심을 보완하며, 정치에 대한 인식을 개선하는 계기가 될 수 있기 때문이다.

당시 중앙선거관리위원회와 교육부에서는 선거권 하향과 더불어서 선거교육 매뉴얼과 각종 지침을 일선 학교현장에 배포하였다. 그러나 입시를 앞둔 고3 교실에는 어색하고 조심스러운, 그리고 허울뿐인 선거교육이 실시된 것이 대부분이었다.

교육의 정치적 중립이 뭐길래

사실 선진국을 비롯한 다른 나라에서는 이미 만 18세 청소년들에게 선거권을 부여하고 있음을 생각해 보면 다소 늦은 결정이다. 그렇다면 왜 유독 우리나라에서만 청소년의 정치참여에 대해 관대하지 않았을까?

여러 가지 요인이 있겠지만 '교육의 정치적 중립'에 대한 잘못된 이해와 처벌받을 수도 있다는 우려에서 비롯된 교실 속 위축된 정치교육을 가장 큰 원인으로 지적하고 싶다. 「헌법」 제7조 2항에서 "공무원의 신분과 정치적 중립성은 법률이 정하는 바에 의하여 보장된다."라고 규정하고 있으며, 얼마 전 교원의 정치적 중립성의 의무를 강조하고, 이를 위반하는 경우 처벌한다는 내용의 법률안이 발의된 바 있다. '교육의 정치적 중립' 의무는 학교교육에서 교사가 특정 정치적 신념을 강요하거나 왜곡된 편견을 주입해서는 안 된다는 것이 핵심이다.

그러나 이를 제대로 이해하지 못하고 잘못하면 처벌까지 받을 수도 있다는 우려 때문에 대부분의 교사는 현실의 정치교육에 대해 방어적이고 소극적인 태도를 보일 수밖에 없었고, 정치와 관련된 논의 자체를 거부해 왔다. 일각에서는 정치 중립성을 이유로 교사의 정치적 표현을 제한하는 것 때문에 교사를 반쪽 시민이라고 표현하기도 한다. '반쪽짜리 시민인 교사가 어떻게 온전한 민주시민을 길러 낼 수 있을 것이냐'라는 지적이다.

물론 일부 이념적으로 편향된 생각을 표현하는 일부 교사의 언행으로 학교가 정치판이 될 수도 있다는 우려의 목소리도 여전히 적지 않다. 그러나 '교육의 정치적 중립'을 내세우며 청소년의 정치에 관한 관심과 주요 쟁점에 대한 논의를 일체 막거나 소극적으로 다루는 것은 민주시민을 키우는 교육의 의무를 저버리는 것과 같다.

이제는 바뀌어야 한다. 정치참여가 특정 교육을 받아야 한다거나, 일정 나이 이상이 되어야 한다거나, 성숙한 시민만이 할 수 있는 것이어야 한다는 조건이나 편견들을 과감히 없애야 한다.

우리 「헌법」 제10조는 "국가는 개인이 가지는 불가침의 권리를 확인하고 이를 보장할 의무를 진다."라고 국민의 기본권을 보장하고 있으며, 제24조에서는 "모든 국민은 법률이 정하는 바에 의하여 선거권을 가진다."라고 모든 국민에 대하여 정치 과정에 적극적으로 참여할 수 있는 권리를 명시하고 있다. 즉 정치참여는 누구나 할 수 있는, 무조건적인 기본 권리이다. 이런 관점에서 본다면 청소년들이 미성숙하다는 이유로 정치참여를 제한하는 것은 민주 사회의 시민으로서 당연히 가지는 기본권을 침해하는 것이다. 이제는 청소년들이 선거권을 가진 사회의 주체로서 우뚝 설 수 있도록 학교가 적극적으로 나서야 한다.

그냥저냥 선거교육은 이제 그만!

청소년의 정치참여를 이야기할 때 무엇보다 선거교육을 빼놓을 수 없다. 현재 학교에서 이루어지는 선거교육은 특정 교과나 단원에서 선거 제도와 절차 등의 지식적인 측면을 다루거나 학생 자치활동의 일환으로 학생회장 선거에 참여해 보는 형태가 대부분이다. 물론 이러한 선거교육이 필요하다는 것은 누구나 아는 사실이다. 하지만 선거교육이 지식적인 측면에만 함몰되거나 학생회장이나 반장을 선출해 보는 경험으로만 끝나서는 안 된다.

선거교육의 핵심은 학생들의 선거에 대한 관심도에 있다. 여기서 주의할 점은 선거 행위 자체보다 선거 대상에 대한 관심이 많아야 한다는 것이다. 예를 들어 학생회장 선거를 한다고 했을 때, 학생회장을 왜 뽑는지, 학생회장 후보자는 누구인지, 되도록 실제와 유사하게 후보자들의 공약을 검토하고, 투표의 원칙들이 어떻게 준수되는지 집단 또는 사회의 구성원으로서 그 과정을 함께하는 것을 중심으로 이루어져야 한다. 선거해야 하니까 하는 것이 아닌, 선거의 목적을 알고 선거를 통해 자신의 학교생활이 달라질 수 있음을 평소에 명확히 인식해야 한다. 이러한 학교에서의 선거 경험은 곧 사회의 실제 선거에 고스란히 이어질 것이며, 늘 문제가 되어 온 낮은 투표율과 그로 인한 당선자의 대표성 부족 문제를 해결할 수 있을 것이다.

결국 선거에 대한 관심이 선거교육의 핵심이자 출발점이다. 학생들이 학생 자치활동이나 교내 의사결정 과정의 작은 것들부터 실천하며, 일상생활 속에서 선거에 관한 관심을 가질 수 있도록 문화를 형성하는 것이 무엇보다 중요하겠다.

하나도 특별하지 않은 정치참여와 선거교육

청소년의 정치참여 및 선거교육과 관련하여 청소년 정당 활동 기반 마련, 선거운동 연령 제한 폐지, 피선거권 연령 하향 등 여전히 남은 과제들이 산적해 있다. 하지만 우리는 지금 당장 교실에서 무엇을 할 수 있을지를 고민하는 것이 우선이다.

2021년 현재, 내년 2022년 3월 9일에는 제20대 대통령선거가, 6월 1일에는 제8회 전국동시지방선거가 기다리고 있다. 특히 풀뿌리 민주주의[37] 실현의 바탕이라고 할 수 있는 지방선거에서는 전국 시·도교육감 선거도 실시된다. 교육감은 각 시·도의 교육 업무를 집행하고 총괄 처리하는 대표자이다. 우리 학생들이 자신들의 교육을 책임지는 대표자를 직접 선출하는 것이다. 이 점을 학생들이 명확히 인식할 수 있도록 학교와 교사는 늘 강조해야 한다. 종례 시간에 "너희 선거권 있으니까 선거일에 꼭 투표해~"라는 말 한마디로 선거교육을 끝내는 잘못을 범해서는 안 된다. 후보자들의 공약을 살펴보면서 학생으로서 직접 경험한 바를 바탕으로 그 실현 가능성과 효과성에 대해 분석해 보

---

37. 평범한 시민들이 지역 기반의 의사결정 과정을 거쳐 지역 공동체의 운명과 생활의 변화에 참여하는 민주주의의 한 형태.

고, 서로 치열하게 토론해야 한다. 이러한 활동이 특정 교과에서만 이루어져야 한다는 것은 크나큰 착각이다. 학생들이 시민으로서 당연히 가지는 권리에 대한 책임 의식을 가르치는 것이므로 모든 교과에서 모든 교사가 가르쳐야 한다.

선거권 연령 하향과 관련해서 일각에서는 교실이 정치판이 될 것이라고 우려했지만, 지금 우리 교실의 모습을 보자. 학교와 우리 아이들은 선거권 하향에 대한 일각의 우려를 불식시켰다. 우리 아이들을 더욱 믿어야 한다.

다만, 선거권 확대가 진정한 민주주의 발전이나 높은 시민 의식의 함양으로 연결되기 위해서는 청소년의 정치참여를 바라보는 사회적 인식 개선과 정치에 대한 적극적인 학교교육이 뒤따라야 한다는 점은 분명하다. 선거 몇 주 전 공문으로 전달된 선거교육 동영상이나 가이드라인으로 학생들에게 교육하는 것만으로 선거교육을 했다고 하기에는 턱없이 부족하다. 평소 학생들이 자신의 일상 속에서 선거에 관심을 가질 수 있도록 학교에서 다양한 기회를 제공해야 하며, 선생님들은 친절한 안내자가 되어야 한다.

청소년의 정치참여와 선거교육이 더는 하나의 이벤트나 특별한 사건이 아닌, 당연한 일상이 되길 바란다.

6.
내일을 만드는 교실 속 담쟁이들의 이야기

저것은 넘을 수 없는 벽이라고 고개를 떨구고 있을 때
담쟁이 잎 하나는 담쟁이 잎 수천 개를 이끌고
결국 그 벽을 넘는다.

_ 도종환, 「담쟁이」에서

도종환 시인의 시 「담쟁이」에서 담쟁이들이 서로 힘을 합하여 벽을 넘는 모습이 감동을 자아낸다. 이러한 담쟁이를 닮아 교실 속 우리 아이들도 사회문제를 발견하고 함께 해결해 가는 장면들이 펼쳐진다면 참 좋겠다는 생각이 들었다.

이런 욕심 때문에 '사회참여'를 교실에서 경험시키겠다며 곧바로 실제 사회문제를 던져 주고 이를 해결해 보라고 하는 것은 우리 아이들에게 커다란 부담으로 작용할 수밖에 없다. 앞서 이야기했듯이 사회참여는 가장 일상적이며 누구나 할 수 있게 보편적이어야 한다. 우리 아이들에게 가장 일상적이고 보편적인 공간은 바로 '교실'이다. 흔히 교실을 하나의 작은 사회라고 말한다. 그러므로 교실에서 경험하는 모든 순간이 사회참여 의식을 기르는 계기가 될 수 있으며, 나아가 교실 속 모든 활동 그 자체가 곧 사회참여라고도 말할 수 있다.

이 책을 읽는 여러분의 교실 환경은 모두 제각각이기에 나의 교실에서 실천한 몇몇 사회참여 사례가 얼마나 도움이 될지는 솔직히 의문이다. 한 가지 소망이 있다면 나의 사례들을 통해 여러분의 교실 안에서도 얼마든지 사회참여 교육을 할 수 있다는 사실만은 꼭 기억해 주었으면 하는 것이다.

자, 이제 20여 평의 교실에서 일어나는 '담쟁이'들의 가슴 뛰는 사회참여의 순간을 경험할 차례이다.

사소하지만 특별한 학급 회의, 사회참여로 나아가다

형식적이다.
일회적이다.
상벌 위주이다.
일부 아이들만 참여한다.
회의 내용 따로, 실천 따로.
다른 이름의 자습 시간이다.

학급 회의라고 하면 흔히 떠올리는 모습들이다. 특히 입시와 바로 맞닿아 있는 고등학교 교실의 학급 회의는 이러한 모습이 더욱 적나라하게 드러난다. 학급 회의가 민주시민 의식을 기르는 데 가장 기초가 되며, 학생들이 의사결정의 참여 과정을 경험한다는 측면에서 매우 중요하다. 이토록 중요한 학급 회의가 현실에서는 너무나도 처참히 무시되고 있다.

물론 학급 회의는 주로 학급의 문제를 해결하기 위하여 반 친구들이 함께 의논하고 결정하는 과정을 말한다. 그런데 학급 회의에서 다루는 범위를 학급의 문제에서 사회의 문제로 넓혀 보면 어떨까? 학급 회의를 통해 사회참여를 경험할 수 있다는 점은 교실이라는 공간에서, 하루의 대부분을 함께 보내는 친구들과 어렵지 않게 실천할 수 있기에 매우 중요하다. 그 이유는 사회참여가 먼 이야기가 아니라 일상적으로 쉽게 접근할 수 있다는 것을 아이들이 인식할 수 있기 때문이다. 즉, 학급 회의를 통해 우리 아이들에게 사회참여라는 진입 장벽을 낮추도록 하는 것이다.

사회참여를 위한 학급 회의의 세 가지 원칙

모래 위에 세운 누각이라는 뜻의 '사상누각沙上樓閣'이라는 한자성어가 있다. 기초가 약하여 오래 견디지 못할 일이나 실현 불가능한 일을 가리키는 말로서, 기초가 튼튼하지 못하면 곧 무너지고 만다는 것을 일깨워 준다.

학급 회의도 마찬가지다. 학급 회의가 사회참여로 나아가기 위해서는 몇 가지 원칙을 통해 흔들리지 않을 기초를 세우는 것이 중요하다.

첫 번째 원칙은 학급 회의가 우리의 존엄한 권리이자 의무라는 것을 명확하게 인식해야 한다는 것이다. 간혹 "아~ 쌤, 그냥 자습해요. 무슨 학급 회의예요."라고 불평을 늘어놓는 아이도 있다. 이런 경우 교사는 불평하는 아이에게 싱긋 웃어 보이며 확신에 찬 어조로 더는 학급 회의가 다른 이름의 자습 시간이 아닌, 사소한 의사결정이라도 자신의 의견이 반영될 수 있도록 하는 기본 과정이자 창구라는 것임을 알려 주어야 한다. 교사가 확신을 하고 아이를 설득해 나간다면 분명 학급 회의의 진정한 의미에 대해 깨우칠 것이라 확신한다.

두 번째 원칙은 학급 회의는 누구나 의견을 낼 수 있는 자유롭고 허용적인 분위기 속에서 이루어져야 한다는 것이다. 학급 임원이나 말발이 좋은 아이 몇몇이 독점하다시피 주도하면, 대부분의 아이는 '어차피 쟤네들이 알아서 하겠지'라며 사회참여는커녕 기본적인 의사 표현도 하지 않게 된다. 그러므로 학급 회의는 일반적인 형식적 굴레에서 벗어나 마치 일상적 대화를 나누듯이 편안하게 접근해야 한다. 물론 형식적인 학급 회의에 익숙한 아이들에게 갑자기 편안하게 말해 보라고 하는 것은 하루아침에 바뀌기 힘든 일이다. 하지만 교사가 신념을 가지고 꾸준히 아이들과 소통하며 노력하면 의외로 빠른 시간 내에 큰 변화를 경험할 수 있을 거라 확신한다.

마지막 원칙은 학급 회의가 개인 또는 우리 학급의 이익만을 추구해서는 절대 안 된다는 것이다. 이 마지막 원칙이 사회참여와 직접적으로 관련되는 지점이다. 학급 회의를 단순히 개인의 이익을 위해 친구들을 설득하는 수단으로 삼거나 우리 학급이라는 집단의 이익만을 추구해서는 안 된다. 우리 주변의 사회적 문제도 학급 회의에서 다룰 수 있어야 한다. 황석영 작가의 소설 「아우를 위하여」에 이러한 내용이 나온다.

> 여럿이 윤리적인 무관심으로 해서 정의가 짓밟히는 일이 있어서는 안 될 거야. 걸인 한 사람이 이 겨울에 얼어 죽어도 그것은 우리의 탓이어야 한다. … 우리는 너를 항상 기억하고 있으며, 너는 우리에게서 소외되어 버린 자가 절대로 아니니까 말야.
>
> _ 황석영, 「아우를 위하여」

학급 회의에서 사회문제를 다루는 것은 하나도 이상할 게 없다. 황석영의 소설에서 말하고 있듯이 소외된 사람들의 문제도 우리의 탓이기 때문에 당연히 우리 학급에서 다뤄야 한다.

첫 번째 원칙이 학급 회의의 의미를 학생들이 명확히 이해하는 것이라면, 두 번째 원칙은 학급 회의에 적극적인 참여를 유도하는 것이고, 마지막 원칙은 학급 회의가 사회참여를 경험할 수 있음을 보여 주는 핵심이라고 말할 수 있겠다. 학급 회의를 사회참여를 경험할 기회로 만든다면 학급 회의가 차지하는 위상은 단순히 학교 안에서만 머무르진 않을 것이다.

학급비, 어떻게 쓸까? 크리스마스의 기적으로!

솔직히 말하면 나의 의도와는 상관없이 우리 아이들 스스로 만들어 낸 사례이기에 여기에 쓰는 것이 적절할지 의문이다. 평소 나의 교직 슬로건인 "좋은 학생들을 만나 좋은 선생님이 되어 갑니다."라는 말처럼 좋은 학생 덕분에 이런 사례를 내가 소개할 수 있는 영광을 누리고 있는 듯하다.

12월의 고3 교실, 수능이 끝나고 입시도 마무리되고 있는 시점이다. 학급비 사용과 관련하여 학급 회의가 열렸다. 체육대회 때 간식비로 학급비의 30%를 지출한 상황이었고, 나머지 70%를 언제 어떻게 쓸 것인지에 대한 논의였다. 사실 학급비를 12월까지 지출해야 했기에 약간 다급한 면도 있었다. 아이들은 역시나 간식을 사서 먹자는 의견이 많았다. 거의 무엇을 사 먹을까에 가까운 흐름이었다. 되도록 아이들의 회의에 개입하는 것을 자제하려고 하는 나는 아이들에게 우리가 학기 초에 정했던 학급 회의의 원칙들을 다시 읊었다. 우리 학급의 이익만을 추구해서는 절대 안 된다는 마지막 원칙에서는 특히 힘을 주어 말한 것 같다. 그러고는 교실을 빠져나왔다.

30분 후 아이들이 학급 회의 결과를 내게 알려 주었다. 그 결과는 다음과 같았다.

> 회의 결과
> - 남은 학급비를 지역 아동 복지센터에 필요한 물건을 사서 보낸다.
> - 기부하고자 하는 센터에 미리 문의하여 필요한 물건이 있는지 물어보고, 특별히 없는 경우 크리스마스를 기념하여 양말이나 목도리, 장갑 등을 구매하여 택배로 보낸다.
> - 전화 문의 담당은 김○현, 구매 담당은 이○빈으로 정한다.

학급비 영수증

학급비 주문 내역

이후 아이들은 물 흐르듯이 인터넷 쇼핑 사이트에서 색색의 양말들과 젤리 간식 등을 구매하여 크리스마스이브에 맞춰 지역 아동 복지원으로 택배를 보냈다.

나는 아이들에게 이렇게 말했다.

> "저는 늘 그랬듯이 여러분이 자랑스럽습니다. 여러분 스스로 소외된 이웃을 돕겠다며 의견을 모아 갔던 이 학급 회의를 꼭 기억했으면 좋겠습니다. 어쩌면 크리스마스 선물을 받은 건 복지센터에 있는 아이들이 아니라 바로 여러분일지도 모르겠습니다. 여러분이 세상을 조금 더 따뜻하게 만들었네요. 잘하셨습니다."

학급 회의가 학급이라는 테두리를 벗어나 얼마든지 사회참여의 주체로서 성장할 수 있는 원동력이 될 수 있음을 이 녀석들을 통해 배웠다. 이처럼 사소한 학급 회의가 연대 의식을 실현하는 사회참여로 변모하는 순간을 우리가 모두 함께 경험하길 소망한다.

세상을 바꾸는 진짜 건의문 수업

> 눈은 살아 있다.
> 죽음을 잊어버린 영혼과 육체를 위하여
> 눈은 새벽이 지나도록 살아 있다.
> 기침을 하자.
> 젊은 시인이여 기침을 하자.

눈을 바라보며
밤새도록 고인 가슴의 가래라도
마음껏 뱉자.

_ 김수영, 「눈」에서

　고등학생들을 아직 성인이 안 된 부족한 존재로만 생각하고 그렇게 대하면 실제로 책임감 없이 행동하는 경향이 있다. 반대로 고등학생들을 성숙한 성인으로 생각하고 대하면 더욱 의젓하고 뛰어난 모습을 보인다. 이처럼 교사가 학생들의 주체적인 능력을 어디까지 바라보고 있느냐가 매우 중요하다는 이야기다.

　학생들과 프로젝트 수업을 진행하면서 놀람과 감탄의 순간들이 많았다. 하지만 이조차 아직 교사인 내가 아이들의 능력을 과소평가했기 때문이라는 반성이 들었다. 세상을 바꾸는 건의문 프로젝트 수업에서 매우 중요한 전제는 학생들이 세상을 바꿀 수 있는 능력이 있으며, 실천으로 옮길 수 있는 주체적인 힘을 가진 존재임을 교사가 명확히 인식하는 것이다. 교사가 학생의 능력을 믿어 주면 그만큼, 아니 그보다 훨씬 높이 날아오를 수 있다. 우리는 그들의 빛나는 날갯짓을 그저 흐뭇하게 지켜보면 될 뿐이다.

　자, 이제 준비가 되었다면 건의문으로 세상을 바꾼 우리 아이들의 늠름한 모습을 함께 들여다보도록 하자.

왜 하필 건의문일까?

인문계 고등학생에게 '건의문'이라고 하면 수능 국어에서 화법과 작문 영역에 자주 출제되는 지문 유형으로 먼저 받아들일지도 모르겠다. 입시 준비에만 열을 올리다 보니 벌어진 씁쓸한 현실이다. 이런 고등학생들의 인식과 달리 실제 우리 사회에서 건의문의 역할은 실로 방대하고 그 영향력도 어마어마하다. 제대로 된 건의문의 목적과 본질을 살펴보면 사회참여와 매우 밀접하다는 것을 알 수 있다. 건의문의 사전적 정의는 "개인이나 단체가 내놓은, 의견이나 희망을 적은 글"이다. 사실 건의문의 정의보다 더욱 중요한 것은 '의견이나 희망을 적은' 건의문을 누가, 누구에게, 어떻게, 왜 전달하는지 건의의 목적과 과정을 먼저 이해해야 한다는 점이다. 바로 이 지점이 건의문으로 세상을 바꾸는 사회참여 단계까지 나아갈 수 있는지 그 여부를 결정하는 핵심적인 부분이다.

만약 개인 또는 특정 집단의 이익 추구나 개인적인 불편함을 해소하기 위해 건의문을 작성하여 전달했다면, 이를 '건의'라고는 할 수 있겠지만 사회참여라고 말하기는 힘들다. 건의문을 통해 사회참여로 나아가기 위해서는 무엇보다 건의의 목적이 공공의 이익과 타인에 대한 연대 의식에 있어야 한다.

가마니에 덮인 동사자가 다시 얼어 죽을 때
가마니 한 장조차 덮어주지 않은
무관심한 너의 사랑을 위해
흘릴 줄 모르는 너의 눈물을 위해
나는 이제 너에게도 기다림을 주겠다.
이 세상에 내리던 함박눈을 멈추겠다.
보리밭에 내리던 봄눈들을 데리고
추위 떠는 사람들의 슬픔에게 다녀와서

눈 그친 눈길을 너와 함께 걷겠다.
슬픔의 힘에 대한 이야기를 하며
기다림의 슬픔까지 걸어가겠다.

_ 정호승, 「슬픔이 기쁨에게」에서

정호승 시인의 「슬픔이 기쁨에게」라는 시에서 가마니에 덮인 동사자가 다시 얼어 죽을 때 가마니 한 장조차 덮어주지 않은 무관심함과 눈물조차 흘리지 않은 냉정함을 비판하고 있다. '왜 추운 겨울 길거리에서 사람이 죽을 수밖에 없었을까?', '이 사람들을 살릴 방법이 있지 않았을까?', '앞으로 이런 안타까운 문제가 발생하지 않으려면 어떻게 해야 할까?'와 같은 소외된 이웃에 대한 관심에서 사회참여는 시작된다. 우리 아이들이 할 수 있는 가장 쉬운 방법인 건의를 통해서 말이다.

세상을 바꾸는 건의문 수업을 시작하기 전에

교육부의 학교 민주시민교육 안내서에 따르면 시민 역량을 사회적 공감 역량, 민주적 의사결정 역량, 사회참여 역량, 비판적 성찰 역량으로 나누고 있다. 그중 사회참여 역량은 '연대 및 신뢰와 관련된 역량, 권리나 수단이 아닌 사회적 참여를 용이하게 하는 능력, 사회적 제도나 기관을 잘 이용하는 능력과 자발성에 기초한 사회적 협동 역량'으로 정의하고 있다. 전라남도교육청에서는 민주시민교육 핵심 역량을 아래와 같이 나누고 있으며, 이 중 사회참여 요소를 강조한 연대·실천 역량을 중심으로 건의문 프로젝트 수업을 실천하도록 한다.

핵심 역량	의미
자주적생활 역량	삶의 주체로서 자기를 이해하고 자아정체감을 형성하여 일상생활의 문제를 스스로 판단·수행할 수 있으며, 주도적인 관점에서 자기관리 및 생애를 설계할 수 있는 능력
비판적 사고 역량	다양한 정보와 지식을 객관적이고 합당한 근거에 따라 판단하며 논리적·맥락적으로 그 적합성과 타당성을 평가하고 처리할 수 있는 능력
문제해결 역량	기초학습능력과 합리적 사고를 토대로 생활 문제를 인식하고 분석하여 이를 독창적으로 해결할 수 있는 능력
공감 역량	타인의 감정과 생각을 수용하는 공감적 이해와 존중을 통해 사회적 관계를 확장하며 조화롭고 평화로운 공동체 형성에 기여하는 능력
민주적 의사결정 역량	사회적 문제에 대한 관심을 토대로 쟁점을 파악하고 합리적 절차와 방법에 따라 자신의 의사를 표현하며 공동으로 의사를 결정하는 능력
연대·실천 역량	사회 구성원으로서 책임감과 공동체 의식을 가지고 더불어 살아가며, 국가와 세계의 조화로운 발전을 위한 공동의 목표를 위해 참여하고 실천하는 능력

1. 성취기준 연결하기

프로젝트 수업 설계를 위해 먼저, 고등학교 국어 교과 작문 수업 속에서 민주시민교육의 사회참여 역량을 기를 수 있는 중심 교육 내용을 아래와 같이 정리했다.

학교급	교과	민주시민교육 핵심 역량	중심 교육 내용
고	국어 (작문)	사회참여 역량	☑ 사회의 구성원으로서 주체적인 역할 알기 ☑ 사회참여와 실천의 경험 해보기

우리 아이들에게 세상의 주인으로서 실천할 수 있는 사회참여 요소로 주목한 성취기준은 고등학교 화법과 작문의 건의하는 글쓰기였다.

교과	화법과 작문
성취기준	[12화작03-06] 현안을 분석하여 쟁점을 파악하고 해결 방안을 담은 건의하는 글을 쓴다.

고등학교 교과서에 나와 있는 건의하는 글의 개념과 특성을 살펴보면, 사회참여와 관련이 깊음을 이해할 수 있다.

건의하는 글은 어떤 문제나 쟁점에 대하여 개인이나 기관에 문제 해결을 요구하거나 해결 방안을 제안하고자 쓰는 글이다. 학급이나 학교, 행정 기관에 내는 건의서, 신문의 독자 투고란이나 인터넷 게시판에 올리는 각종 제안 등이 건의하는 글에 해당한다. 건의하는 글을 쓰는 행위는 합리적인 의사 교환을 통해 적극적으로 문제를 해결하고자 하는 민주적인 문화를 형성하는 데 도움을 준다는 점에서 의의가 있다.

건의문을 작성하는 행위 자체가 민주시민으로서 사회참여 의식을 기를 수 있으며, 나아가 민주적인 문화를 형성하는 데 기여할 수 있다는 것이다.

2. 수업 주제 및 수업 의도 세우기

"수업 속에서 우리 아이들에게
세상의 주인이 되는 실천 경험을 만들어 주자!"

수업 활동을 포괄하는 적절한 수업 주제와 명확한 교사의 수업 의도는 수업의 성패를 좌우하는 데 굉장히 중요한 요소이다. 건의하는 글의 형식과 내용도 중요하지만, 우리 아이들이 사회의 구성원으로서 문제를 발견하고 이를 직접 바꿔 보는 경험을 해 보는 것에 중점을 두고 수업을 실천하도록 한다. 이러한 수업 의도를 바탕으로 수업 주제는 '세상을 바꾸는 건의문 프로젝트'로 명명해 보았다.

수업 주제	세상을 바꾸는 건의문 프로젝트
수업 의도	자신이 생활하는 학교나 사회 속에서 문제 상황을 발견하고, 이를 분석하여 직접 건의하는 글을 작성하여 건의함으로써 사회의 구성원으로서 주체적인 역할을 수행할 수 있음을 이해한다.

3. 차시별 수업 내용 재구조화하기

본 활동을 체계적으로 전개하기 위해서는 성취기준을 중심으로 차시별 수업 내용을 구체적으로 재구조화할 필요가 있다. 차시별 수업 내용을 재구조화하여 수업의 효율을 높이는 동시에, 아이들에게 전체적인 수업 활동을 명료하게 제시할 수 있다.

주제	단원	성취기준	차시	중심 교육 내용
세상을 바꾸는 건의문	건의하는 글쓰기	[12화작03-06] 현안을 분석하여 쟁점을 파악하고 해결 방안을 담은 건의하는 글을 쓴다.	1	Ⅴ 수업 주제 만나기 - 세상을 바꾼다는 것의 의미 이해하기
			2~3	Ⅴ 세상을 바꾸는 건의문 문제 분석 및 계획 수립하기 - 문제 상황 분석, 건의 대상, 방법, 내용, 기대 효과, 참고 자료 등
			4	Ⅴ 세상을 바꾸는 건의문 작성 및 건의 실행하기 - 건의문 작성 후 건의 실행
			5	Ⅴ 세상을 바꾸는 건의문 활동 나눔회 - 활동 공유 및 소감 발표

세상을 바꾸는 건의문 수업 들여다보기

1. 1차시-세상을 바꾸는 것의 의미 만나기

"건의문으로 세상을 바꾼다고요?"

'백문불여일견百聞不如一見'이란 말이 있다. 세상을 바꾸는 사회참여의 의의와 목적을 아이들에게 이해시키는 가장 좋은 방법은 실제 사례를 보여 주는 것이다. 내가 교실에서 활용한 사례는 'EBS 다큐프라임 〈시민의 탄생〉 프로그램의 청소년 기후행동'과 '청와대 국민청원에서 시작한 한 부모 가정 지원 확대 정책 실현' 등이었다. 그리곤 한껏 기대에 찬 목소리로 아이들에게 한마디를 날린다.

"선생님은 너희가 세상을 바꿀 능력이 없다고 생각하지 않아. 세상을 바꿀 기회가 없었던 거지. 그래서 이 수업을 통해 너희에게 세상을 바꿀 기회를 주려고 해. 자, 우리 가만히 한번 생각해 보자. 나의 일상 속에서 뭔가 불편한 점이나 불합리하다고 생각한 것이 없었는지 말이야. 문제를 관찰하고 발견하는 것에서 세상을 바꿀 기회가 열리는 거거든!"

2. 2차시-세상을 바꾸는 시작, 문제 발견하기

"제가 바꾸고 싶은 문제는요!"

막연하게 학생들에게 우리 주변의 문제를 찾아보라고 하기보다는 다음과 같이 체크리스트를 제시하여 좀 더 쉽게 문제를 발견할 수 있도록 하는 것이 좋다.

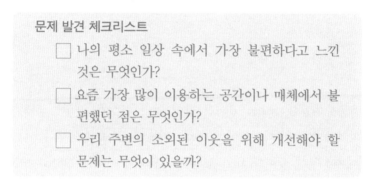

문제 발견 체크리스트
☐ 나의 평소 일상 속에서 가장 불편하다고 느낀 것은 무엇인가?
☐ 요즘 가장 많이 이용하는 공간이나 매체에서 불편했던 점은 무엇인가?
☐ 우리 주변의 소외된 이웃을 위해 개선해야 할 문제는 무엇이 있을까?

여기서 교사는 세 번째 물음에 대해 학생들이 진지하게 생각해 볼 수 있도록 조언해 주는 것이 중요하다. 이것이 연대 의식을 바탕으로 한 사회참여를 유도할 수 있는 방안이기 때문이다. 그렇다고 해서 모든 아이가 반드시 소외된 이웃들을 위한 사회문제를 선정하여 건의하는 글을 쓸 필요는 없다. 최대한 아이들의 선택권을 보장하며, 능동적인 참여를 이끄는 것이 우선이다.

3. 3차시-건의 계획 수립하기

"저는 어떻게 바꾸고 싶냐면요."

건의하는 글의 시작이 문제를 발견하고 분석하는 것이라면, 핵심은 바로 '건의 계획을 수립하는 과정'이라 할 수 있다. 문제 상황 분석, 건의 대상(건의처), 건의 방법, 건의 내용(문제 해결 방안), 기대 효과, 참고 자료 등의 요소를 기록하도록 아래와 같은 건의 계획서를 학생들에게 배부한다.

문제 상황 분석			
건의 대상		건의 방법	
건의 내용 (문제 해결 방안)			
기대 효과			
참고 자료			

건의 계획 수립 활동

　이때 건의 내용(문제 해결 방안)의 구체성과 실현 가능성을 강조하여 문제 상황을 실제로 개선할 방안을 강구하도록 하는 것이 중요하다. 문제 해결 방안을 모색하는 과정에서 충분한 시간을 주어 다른 사례나 연구 논문 등 참고 자료도 조사해 보면서 보다 전문적이고 깊이 있는 탐구가 이루어지도록 한다. 평소 글쓰기 수업에서 구글 문서를 자주 활용하는 편이라 건의 계획서 역시 구글 문서를 통해 작성하게 하였다.

청와대 국민청원 메인 화면

국민신문고 홈페이지

    그리고 여기서 건의 대상이나 건의처에 대한 접근이 온라인을 통해 용이해졌음을 강조할 필요가 있다. 우리가 세상을 바꿀 의지만 있다면, 우리의 목소리를 들어줄 곳을 주변에서 쉽게 찾을 수 있다는 것이다. 청와대 국민청원 사이트나 국민신문고, 각 기관이나 기업들의 홈페이지 등 마우스 클릭이나 터치 몇 번이면 건의하고자 하는 대상과 건의처가 우리 눈앞에 떡하니 나타난다.

문제 상황 분석	시험 기간, 학생들이 잠을 이겨 내기 위해 카페인을 섭취한다. 그러나 과 도한 카페인 섭취는 불면증, 불안감, 심박수 증가, 메스꺼움, 위산과다를 유발할 수 있고 중독 시에는 신경과민, 근육 경련, 가슴 두근거림, 불면 증 등을 일으킬 수 있다. 청소년의 하루 권장 카페인 섭취량은 125mg 이며, 이는 에너지 음료 2캔 정도의 카페인이다. 편의점 커피 우유의 경 우 500mL 용량에 자그마치 237mg의 카페인이 함유되기도 했는데, 청 소년들은 권장 섭취량을 넘은 이 음료를 자주 음용하고 있다. 미국에서 는 한 고등학생이 카페인 음료를 한꺼번에 다량 섭취하여 사망하는 사례 가 발생하기도 했다. 카페인 과다 섭취로 부작용을 겪는 사례가 발생하는 것은 사람들이 적 정 카페인 섭취량에 대해 잘 모르기 때문이라고 생각된다. 식품의 경우 나트륨, 탄수화물, 단백질 등의 영양성분을 1일 영양성분 기준치에 대한 비율로 나타내어 영양 정보를 제공하고 있는 반면, 카페 인은 총 함량만 적혀 있을 뿐 하루 권장 섭취량에 대한 비율은 나와 있 지 않다. 1일 카페인 권장 기준치를 설정해 소비자에게 정보를 제공한다면 카페 인을 과다 복용하는 사례가 줄어들 것이라 생각해, 카페인 권장 섭취량 기준치 표기를 제안하고자 한다.

건의 대상	식품의약품안전처	건의 방법	온라인 청원

건의 내용 (문제 해결 방안)	1. 서론(문제 제기) – 카페인 과다 섭취 시 부작용 제시 – 카페인 과다 섭취로 부작용을 겪은 고등학생 통계 자료 첨부 2. 본론(해결책 제안) – 카페인 과다 섭취의 원인 분석 (1일 권장 섭취량을 잘 모르기 때문이라고 제시) ○○고 학생들을 대상으로 설문조사 실시 〈설문조사의 내용〉 1. 시험 기간 카페인 음료(에너지 드링크) 복용 경험 2. 시험 기간 평균 카페인 섭취 횟수 3. 하루에 가장 많이 섭취해 본 카페인 음료 수 4. 주로 마시는 카페인 음료의 종류(핫식스, 레드불, 스누피 우유 등) 5. 1일 카페인 섭취 권장량에 대해 알고 있는지 설문 – 식품의 영양성분 표시제처럼, 카페인 성분도 1일 권장 기준치를 정해 표기하자고 제안 – 카페인 권장 기준치 표기의 어려움과 구체적인 해결 방안 제시(연령 별, 체중별 기준을 나누어 표기 제안)

기대 효과	카페인 과다 복용 시 이명, 두통, 메스꺼움, 속쓰림, 우울함의 부작용이 올 수 있다. 만약 카페인에 대해 1일 권장 섭취량 기준치 표기를 실시하 면 자신이 먹어야 하는 카페인 함량에 대해 정확히 알 수 있어 과다 복 용을 피할 수 있다. 특히 카페인 과다 복용 시 건강에 치명적일 수 있는 초등학생의 경우 카페인 과다 복용 문제 해결에 더욱 도움이 될 것이라 생각한다.
참고 자료	이혜원(2000). 카페인이 인체에 미치는 영향 및 섭취량 감소 방안에 관 한 연구. 한국조리학회지, 6(3), 343-355.

	〈놀이터 쓰레기를 줄이기 위한 공간 디자인 및 대책 방안〉		

〈놀이터 쓰레기를 줄이기 위한 공간 디자인 및 대책 방안〉

우리 주변에서 길거리 쓰레기들은 흔히 볼 수 있다. 예전에는 그런 모습들을 보고 그러려니 하고 넘어갔다. 하지만 최근 들어서 아침에 학교에 등교할 때 정말 심각하다는 것을 느꼈다. 나는 등교할 때 아파트 놀이터를 지나야 하는데 그 놀이터를 보고 정말 충격을 받았다. '어린아이들이 노는 곳이 이렇게 더러운 환경이라니'라고 말이다.

위의 사진들은 내가 직접 찍은 사진들이다. 사실 저 사진들보다 더 심한 경우를 많이 목격했다. 한눈에 보기에도 쓰레기가 많다는 것을 확인할 수 있다. 이러한 쓰레기들이 초래하게 되는 문제점은 첫째, 놀이터의 미관을 해친다. 길을 걷다가 이러한 광경을 보고 눈살을 찌푸리는 사람들이 많을 것이다. 둘째, 환경에 부정적인 영향을 끼친다. 분명 이곳의 놀이터만 이런 것이 아니라 다른 놀이터들도 마찬가지일 것이다. 셋째, 아이들에게 쓰레기 무단 투기에 대한 올바르지 못한 인식이 생길 우려가 있다. 자라나는 아이들이 놀이터의 쓰레기를 보고 당연하다고 생각되어 자신도 무심코 무단 투기를 할 가능성이 있다. 악순환이 반복되는 것이다.

문제 상황 분석

건의 대상	환경부	건의 방법	이메일을 통한 제안서 제출

건의 내용 (문제 해결 방안)	1. 놀이터 내 쓰레기통 설치 & 쓰레기통 모양 변화 놀이터를 주로 이용하는 사람은 어린아이들이다. 기존의 쓰레기통보다 는 조금 색다른 쓰레기통이 아이들의 눈길을 더욱 끌어 쓰레기를 쓰레 기통에 버릴 수 있도록 유도할 수 있을 것이다. 예를 들어 동물 모양 쓰 레기통이라든지 아이들 사이에서 인기 있는 캐릭터 모양 등으로 변화를 주는 것이다. 2. CPTED 사업 활성화 & 방법 이 사업은 서울시 관악구 행운동에서 이미 실시하고 있다. 이 사업은 범 죄 예방을 위한 환경 디자인을 하는 사업이다. 그중 전봇대에 쓰레기 무 단 투기를 방지하기 위해서 알아보기 쉬운 방지 사인을 설치하는 프로 젝트도 진행했었다. -거울 설치 -놀이터 내 로고라이트(고보조명) 설치 3. 벽화를 이용한 놀이터 쓰레기 무단 투기 인식 개선 기존의 놀이터에는 쓰레기를 버리지 말라는 내용을 포함한 안전수칙 표 지판이 설치되어 있다. 하지만 어린아이들이 과연 이 작고 많은 글씨의 안내 수칙을 읽을까? 따라서 내가 생각해 낸 방법이 벽화로 메시지를 전 하자는 것이다. 벽화가 어렵다면 놀이터 내 놀이기구들마다 쓰레기 무단 투기 금지 그림을 스티커의 형태로 붙여 놓는 방식으로 어린아이들의 인 식을 개선할 수 있다.
기대 효과	위의 제안을 실행함으로써 얻는 기대 효과는 첫째, 청결하고 활기찬 놀 이터 조성이 가능하다는 것이다. 둘째, 쓰레기를 무단 투기하지 않게 되 면서 온실가스 감소로 지구온난화 방지 등과 같이 환경을 지킬 수 있게 된다. 셋째, 아이들에게 쓰레기 무단 투기에 대한 올바른 인식이 심어 줄 수 있다.
참고 자료	• 디자인으로 범죄를 예방하는 CPTED 활용… - 네이버 블로그(naver.com) • 꼭 나에게 버려 주세요! 쓰레기통의 이유 있는… - 네이버 블로그(naver.com) - 쓰레기를 줄이는 디자인 사례(tistory.com)

문제 상황 분석	• 장애인 일자리가 부족하고 근로 환경에도 개선이 필요하다. – 직장 내 장애인에 대한 임금차별, 업무차별, 왕따, 갑질 등의 애로사항 발생, 정규직 전환 또한 어려워 보다 안정된 직장을 갖기 어렵다. • 장애인이 지원할 수 있는 분야가 제한적이고 근로와 관련된 기술을 기를 수 없다 – 대부분의 장애인 직업 훈련 프로그램이 바리스타, 문서수발, 주차관리, 경비 등과 같은 단순 직무 위주로 구성되어 있다. • 지역마다 일자리 편차가 매우 크다. – 포항시는 장애인 일자리가 아예 없다. • 장애의 종류에서도 고용상의 차별이 발생한다. – 장애인 고용 시 시각장애인이나 청각장애인을 주로 고용하고 정신장애인이나 발달장애인들은 거의 고용되지 않는다. 정신장애인 고용률은 약 11%로 10명 중 1명꼴로 고용이 된다.

건의 대상	한국장애인고용공단	건의 방법	장애인고용공단 고객의 소리 제안서 등록

건의 내용 (문제 해결 방안)	• 장애인 고용 부담금의 차등 적용이 필요하다. • 차등적으로 장애인 고용 부담금을 적용함으로써 상대적으로 규모가 작은 기업에서 느끼는 부담감이 줄고 규모가 큰 기업들에는 전처럼 부담금을 기꺼이 납부하고 장애인 고용을 피하는 행태가 줄어들 것이다. • 사내 교육을 통한 장애인 인식 개선 교육 프로그램 등 장애인 근로자의 권익 향상을 위해 제도적 마련이 필요하다. • 근로의 기술은 피상적인 직무 교육으로 길러질 수 없으므로 직무 수행을 OJT 방식의 살아 있는 교육을 통해 개별 장애인의 근로 능력이 개발돼야 한다. • 상대적으로 장애인 일자리 수가 적은 지역은 공공기관에 일정 수 이상의 고용을 할당한다. • 정신장애인이나 발달장애인 등 상대적으로 취직이 힘든 장애인을 위한 맞춤형 일자리를 정부에서 만들어야 한다.

기대 효과	• 장애인이 스스로의 자립과 노동을 통해 인간적인 삶을 실현할 수 있다. 장애인의 직업 선택의 자유를 보장함으로써 장애인 근로자의 권리를 신장할 수 있다. • 장애인의 완전한 사회참여와 평등을 실현함으로써 사회통합을 이룰 수 있다.

참고
자료
	• 장애인이 말한다! 장애인 일자리 정책의 문제점은 무엇일까?
	  - http://www.socialfocus.co.kr/news/articleView.html?idxno
	    =6656
	
	• '정신장애인 10명 중 1명만 취업' 정신장애인 고용 실태
	  - https://www.beminor.com/news/articleView.html?idxno
	    =14714
	
	• 기업과 정부의 동상이몽, 장애인 의무고용제의 현황과 문제점
	  - https://it.donga.com/30373/
	
	• 기업 규모 따라 장애인의무고용 부담금 차등 적용
	  - https://www.fnnews.com/news/202101281329178281

4. 4차시- 건의문, 직접 쓰고 직접 전달하기

"세상을 내 손으로 바꾼다는 건,

심장이 쿵쿵 뛰는 일이야!"

건의 계획을 세웠다면 이제 실제로 건의문을 작성하고, 건의를 실천할 차례이다. 이때 단순히 건의문을 통해 사회참여를 한번 경험해 보았다는 양적인 측면보다 자신의 건의안에 대해 자부심을 느낄 수 있고, 책임질 줄 아는 사회참여의 질적인 측면에 더욱 주목해야 한다. 그렇기에 아래 국어과 교육과정에 명시된 것처럼 건의하는 글쓰기를 지도할 때는 무엇보다 '책임감 있는 태도'와 '실현 가능한 해결 방안 제시'가 중요하다.[38]

교수·학습 방법 및 유의사항	건의하는 글쓰기를 지도할 때에는 학습자가 가정, 학교, 지역사회에서 흔히 겪는 일을 대상으로 하여 쓰도록 하되, 학습자의 수준을 고려하여 지역사회의 범위를 넘어서는 일을 대상으로 삼아 쓰는 것도 허용한다. 이때 자신이 쓴 글이 사회적으로 어떤 영향을 끼칠 수 있는지를 생각하고 책임감 있게 글을 쓰는 태도를 갖추게 한다. 또한 어떤 사안에 대한 해결 방안을 제시할 때 그 방안이 실현 가능한지를 충분히 생각해 보게 한다. 도덕적 규범에 어긋나거나 실현할 수 없는 방안을 무책임하게 제시하지 않도록 한다.

또 한 건의 목적과 대상을 고려한 글쓰기 전략과 건의문의 형식적 특징도 간략하게 소개할 필요가 있다. 여기서 주의해야 할 점은 교과서적인 건의문 예시를 바로 제시하면서 마치 우수한 사례인 양 너무 강조하면 안 된다는 것이다. 자칫 잘못하면 아이들만의 새롭고 창의적

---

38. 교육부 고시 제2015-74호 『국어과 교육과정』, 84쪽.

인 글쓰기를 방해하는 요소가 될 수도 있다. 아이들의 글은 우리에게 새로운 생각과 배움을 던져 주는 경우가 많기 때문이다. 아이들의 건의문 사례는 뒤에서 자세히 살펴보자.

건의를 실천할 때는 최소 한 달 정도 여유 있게 기간을 두어야 하는데, 건의 대상 또는 건의처에서 피드백이 오는 시간과 자신의 건의 내용이 실제 적용되는 시간을 고려해야 하기 때문이다. 실제로 적용이 되지 않더라도 건의 대상에게서 오는 피드백 자체에 아이들이 사회참여의 보람과 기쁨을 가장 크게 맛본다. 한껏 흥분해서 나에게 찾아와 "쌤, 대박이에요. 저 피드백 왔어요!"라고 말하는 아이들도 제법 있었다. 그럴 때 "와! 진짜? 대박 사건!"이라며 더 흥분하는 리액션은 필수이다.

건의 과정에서 자신의 건의 증빙 자료를 반드시 남길 수 있도록 한다. 이는 추후 사례 발표 및 공유 활동에서 활용하기 위함이다. 건의 증빙 자료는 링크, 화면 캡처, 사진 등 그야말로 건의를 실천했음을 증명할 수 있는 자료면 뭐든 다 가능하다.

5. 5차시-건의문, 함께 공유하기

"네가 바꾼 세상은 어떤 거니?"

이제 세상을 바꾸는 건의문 프로젝트를 모두와 함께 공유할 시간이다. 아이들이 가장 흥미로워하는 시간이기도 하다. 자신의 건의문과 건의 과정을 친구들에게 발표하며 사회참여의 자신감을 더욱 키우는 동시에, 친구들의 발표를 들어 보는 간접경험을 통해 더 넓은 범위의 사회참여를 경험할 수 있다.

공유 활동 방식이나 수단은 학급 규모나 수업 교사의 특성 등 상황에 따라 적절하게 실시하면 되겠다. 나는 공유 활동을 위해 구글 문서의 댓글 기능을 활용했다. 먼저 아이들의 건의문 문서를 공유시키고, 스마트폰이나 패드를 활용하여 친구의 건의문을 보며 인상적인 부분이나 질문이나 칭찬, 조언 등을 댓글로 남기도록 했다.

발표 활동

아이들의 공유 활동을 지켜보니 건의문을 통해 세상을 바꾼 놀라운 사례도 많았다. 학교 행정실에 직접 찾아가 행정실장님께 건의문을 전달하며 건의 내용을 설명해 드리고 피드백을 받은 아이, 학생부

동료 평가 댓글

장 선생님께 건의문을 전달하고 공문 형식으로 피드백을 받은 아이, 청와대 국민청원 게시판에 5일 만에 200명 이상의 동의를 받은 아이, 관공서 담당자로부터 회신을 받은 아이 등 내 생각을 훨씬 뛰어넘는 여러 가지 사례를 보여 주었다. 활동 내내 나도 모르게 흐뭇한 미소가 지어졌다.

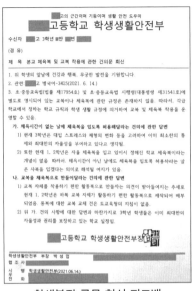

학생부장 공문 형식 피드백

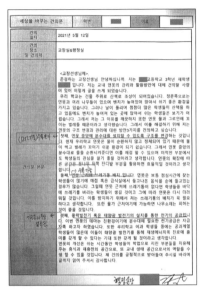

행정실장 수기 피드백

세상을 바꾼 아이들의 건의문 한눈에 들여다보기

건의문 1.
장애 아동도 함께 놀 수 있는 통합 놀이터 개설을 건의합니다!

문제 상황 분석	아파트 단지 내에서, 또는 어린이집에서 등등 조금만 거리를 둘러보아도 아이들의 꿈의 공간인 놀이터를 흔히 볼 수 있다. 그러나 이 즐겁고 어린 시절의 소중한 추억인 이곳을, 장애 어린이들은 느껴 볼 수가 없다. 우리나라 대부분의 놀이터는 장애 어린이를 고려하지 않은 채 만든다. 바로 앉아서 함께 놀 수 있는 그 흔한 모래놀이도 휠체어를 탄 아이들에게는 쉽지 않다. 이럴 경우 장애가 있는 어린이는 또래 학우들과 함께 소중한 어린 시절 기억을 만들 수 없게 된다.
건의처	지역주민복합센터

건의문

안녕하세요!
현재 우리 지역은 보다 더 발전하기 위해 굉장히 박차를 가하고 있습니다. 그러나 한 가지 아쉬운 점이 있다면 장애 학우들이 즐길 수 있는 놀이시설이 미비하다는 점입니다. 어린 시절 아이들이 즐겁고 행복하게 마음껏 뛰놀 수 있는 놀이터가 장애 어린이들에게는 열려 있지 못합니다. 이는 '장애아'라는 이유만으로 아이들의 '놀 권리'를 침해하고 있는 것입니다. '놀이터'라는 공간은 또래들이 모여 함께 뛰놀며 사회성을 기르는 공간이기도 합니다. 유아기에 사회성을 기르는 데 효과적인 기능을 하는 놀이터에서 장애 어린이들이 배제되는 것은 심각한 문제입니다. 따라서 저는 신체 아동과 장애 아동이 함께 어울려서 놀 수 있는 '통합 놀이터' 설치를 건의합니다. 통합 놀이터는 두 어린이가 모두 이용 가능한 놀이기구를 설치하여서 아이들이 더 넓은 시각을 가질 수 있게 도와줍니다.

- 놀이터의 위치는 사람들이 많이 왔다 갔다 하는 공원 근처에 설치하면 사람들이 놀이터가 생겼다는 사실을 알게 되어 효과적이라고 생각합니다.

- 놀이기구 배치나 주의사항을 포함한 놀이터의 설계도 및 팸플릿을 만들어 놀이터 방문자에게 배부하면 훨씬 원활한 놀이터 이용이 가능할 것입니다.

- 놀이터는 장애아들을 고려해서 유모차나 휠체어의 이용이 가능해야 합니다.

- 신체 아동과 장애 아동이 함께 이용 가능한 놀이시설을 확충해야 합니다(예시: 안전벨트가 설치된 그네, 보호자와 함께 탈 수 있도록 넓게 설계된 미끄럼틀 등).

- 더불어 인식 개선을 위해 '모두가 함께하는 놀이의 날'과 같은 프로그램을 만들어 자연스럽게 모든 아이들이 놀이터 내에서 어우러지도록 만들면 좋을 것 같습니다.

- 놀이터가 완전히 건설된 후에도 지속적인 확인과 점검으로 불편한 점이나 위험할 만한 점이 없도록 해야 합니다.

'통합 놀이터'를 개설함으로써 놀 만한 공간이 마땅치 않았던 장애 어린이에게 신체 아동과 어울려 함께 놀 수 있는 기회를 제공할 수 있고 장애 어린이의 '놀 권리'를 실현시킬 수 있습니다. 이 과정에서 통합 놀이터가 개설되기 전에는 다른 또래 아이들과 어울릴 만한 기회가 주어지지 않아 추억을 쌓지 못했던 장애아들이 즐거운 어린 시절 추억을 남길 수도 있으며 더불어 사회성까지 기를 수 있는 좋은 기회라고 생각합니다. 또한 유년기부터 다양한 사람들과 접촉해 보고 자연스럽게 장애가 있는 아이와 접촉하며 함께 놀다 보면 자라나는 어린아이들이 장애가 있는 사람에 대한 편견과 선입견을 갖지 않으며, 이와 같은 아이들이 많아지면 앞으로의 사회에서 장애에 대한 인식이 지금보다 훨씬 나아질 수 있을 거라고 기대해 봅니다.

그리고 이 과정에서 인식이 개선됨에 따라 장애 어린이의 학부모가 평소 비장애인 아이들이 노는 데 피해가 될까 봐 배려 차원에서 일부러 같이 놀지 않게끔 하는 가슴 아픈 일도 사라질 수 있을 것이라고 생각합니다. 전국에 얼마 존재하지 않는 통합 놀이터를 우리 지역에 만들어 선진 사례로 남았으면 하는 바람입니다. 긴 글 읽어 주셔서 감사합니다.

세상을 바꾼 흔적

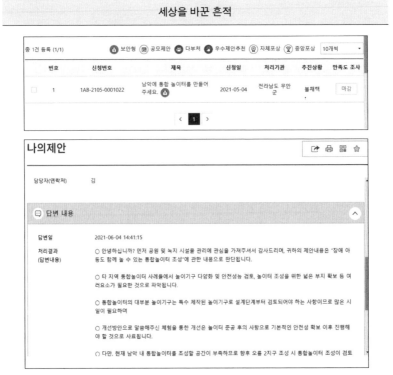

평소에도 몸이 불편한 아이들은 즐겁게 뛰어놀 수 있는 놀이터가 없어서 불편할 수도 있겠다는 생각을 갖고는 있었으나, 어딘가에 따로 건의를 한다는 것은 뭔가 거창해 보이기도 했고, 번거로워서 시도를 못 했었다. 그렇지만 이번 기회를 통해서 내가 혼자 생각해 왔던 이 사회가 나아가기 위해 개선해야 할 점을 세상을 향해 목소리를 낼 수 있어서 굉장히 뿌듯했다. 건의문을 쓰기 위해 자세한 정보와 근거가 필요하기에 인터넷 검색도 많이 해 보고, 여러 논문과 관련 동영상을 통해 정보를 모으는 과정에서 나 또한 통합 놀이터에 관한 많은 정보를 알게 될 수 있었다.

더불어 문제점만 알아보고 끝나는 것이 아니라, 내가 직접 해결책까지 제시한다는 점에서 의미가 깊었다. 나의 건의문을 통해 실제로 통합 놀이터가 설치되는 것과 같이 엄청난 변화가 생길 수도 있을 거라 생각하니 통합 놀이터를 어디에 설치하면 좋을지, 어떤 과정을 거쳐야 할지, 어떤 놀이기구를 설치하면 좋을지에 대해서 최대한 신중하고 꼼꼼하게 쓰려고 노력할 수밖에 없었다.

그리고 실제로 지역 주민복합센터에 건의문을 제출했고, 주민센터 측으로부터 답변까지 받았다. 답변의 내용은 통합 놀이터 설치 취지에 공감하나, 실제 설치까지는 상당히 많은 시간이 걸릴 것이라고 하였다. 통합 놀이터 설치가 많은 자금과 시간이 들 것이라고 예상하긴 했었다. 그렇지만 후에 통합 놀이터를 설치할 수 있도록 검토하겠다는 당부를 받았기에, 내가 사는 지역을 조금이라도 변화시킬 수 있다는 사실에 굉장히 뿌듯함을 느꼈다.

진중한 수업 태도가 인상적인 학생으로서 건의 계획부터 건의문 작성, 건의 실행, 소감 발표 등 세상을 바꾸는 건의문 활동에 매우 열정적으로 참여함. 문제 상황을 발견하는 남다른 안목과 체계적인 분석력이 탁월하며, 구체적이고 실현 가능성 있는 해결 방안 도출 능력과 문제 개선을 위한 실천 의지가 뛰어남. 건의 계획 단계에서 우리 지역의 놀이터는 많지만 장애 어린이도 이용할 수 있는 통합 놀이터가 없다는 문제 상황을 발견하고, 통합 놀이터 사례와 관련 논문 등 자료를 조사하며 문제 해결 방안과 기대 효과를 정리함. 이를 바탕으로 우리 지역에 통합 놀이터의 필요함을 강조하며, 설득력 있는 건의문을 작성함. 특히 통합 놀이터 개설과 더불어 장애 인식 개선을 위한 '모두가 함께하는 놀이의 날' 프로그램도 함께 제안하며, 건의 목적에 부합하는 접근 방법이 매우 인상적임. 작성한 건의문을 지역 기관 홈페이지 제안마당에 제출하였으며, 담당자로부터 공간, 예산, 주민들의 의견 등 다양한 면을 고려해야 하는 문제라서 당장은 힘들지만 향후 검토하겠다는 답변을 받음. 건의를 통해 실제로 변화를 일으킬 수 있다는 성취감과 뿌듯함을 느꼈다는 소감을 밝힘.

건의문 2.

정신질환자의 현실을 고려한 정신건강복지법 개정을 건의합니다!

문제 상황 분석	• 최근 개정된 정신건강복지법 제43조(보호의무자에 의한 입원 등) – 보호의무자 2명 이상(1명만 있을 경우 1명)이 신청한 경우 정신건강 　의학과 전문의의 진단하에 입원이 가능하다. – 자해와 타해의 위험이 증명되어야 하는데, 이로 인해 환자가 폭력을 　행사할 때까지 공포에 떨며 기다리다 병원에 방문하는 경우가 존재 　한다. • 2019년에 발생한 '진주 방화 살인사건'의 경우, 해당 아파트 주민들이 　신변에 위협을 느껴 7차례 신고하였으나, 비자의 입원 기준이 까다로 　워 별도의 조치가 이루어지지 않은 채 방치되었다. • 정신질환자의 인권 보장을 위해 노력하면서도 폭력에 가장 직접적으 　로 노출되는 가족들을 고려한 현실적인 법률 개정이 필요하다.
건의처	청와대 국민청원 홈페이지에 청원글 작성
건의문	

2019년 4월 17일에 발생한 진주 방화 살인사건, 누구나 기억하고 계실 것입니다. 조현병 환자였던 안인득은 사건 발생 전에도 이상 행동을 보이며 주민들과 갈등을 빚었습니다. 형제에 의한 강제 입원조차 제도의 벽에 부딪혀 무산되었으며, 해당 사건이 발생한 해에는 7차례의 신고가 접수되었지만 경찰은 별다른 조치를 취하지 않았습니다. 이는 제때 입원 치료가 이루어졌다면 막을 수 있었던 사건입니다. 이와 같은 정신질환 범죄가 발생할 경우 고통받는 것은 피해자와 가족은 물론이고 전국에 있는 조현병 환자들입니다. 정신질환에 대한 사회적 인식이 악화됨에 따라 치료와 사회 복귀가 어려워지기 때문입니다. 이러한 비극을 막기 위한 제도적 장치의 개선이 필요합니다.

현재 세계 각국의 정신건강복지법에 의하면 비자의 입원, 즉 보호의무자에 의한 정신질환자의 입원 기준으로 '자타해 위험'을 택하는 국가(13개국)와 '치료 필요성'을 택하는 국가(2개국), 둘 중 하나의 충족을 요구하는 국가(18개국)로 나뉩니다. 우리나라는 '자타해 위험'을 기준으로 하는데, 이는 보건복지부령으로 정하는 기준에 해당하는 위험이 인정될 때 성립합니다. 보건복지부령에 따르면 본인 또는 타인의 안전에 중대한 위해를 가하거나 그 개연성이 높은 경우 자타해 위험이 있다고 판단합니다. 이러한 위험의 기준으로 인해 발생하는 문제로는 환자가 위험한 상태에 이르기 전까지 입원이 불가능하여 적시에 치료를 받기 어렵다는 것이 대표적입니다.

탈원화 정책은 환자의 인권 보호를 목적으로 시행되었지만, 환각과 망상에 시달리는 환자의 의사를 따르는 것이 정말로 그들의 인권을 보호하는 일인지 생각해 보아야 합니다. 특히 조현병과 같은 정신질환은 입원 치료가 이루어지지 않으면 환자와 보호자가 고통받는 기간이 길어지게 됩니다. 따라서 장기적 관점에서 바라본다면 환자의 의사와 불일치하는 부분이 있더라도 적시에 치료 환경을 마련하는 것이 바람직합니다. 또한, 위험이 입증되는 것은 대부분 환자가 주변에 중대한 피해를 입힌 후의 시점으로, 이때 입원하는 것은 소를 잃고 외양간을 고치는 것과 다름없는 행위입니다. 정신질환은 치료 시작 시기에 따라 예후가 달라지므로 환자의 보호자뿐만 아니라 환자 본인을 위해서도 빠른 입원 치료가 필요한 질환입니다. 따라서 치료 필요성 기준을 채택하되 기준을 구체화하여 환자에 대한 부당한 인권 침해를 예방해야 합니다.

또한 비자의 입원 개시 신청자의 범위를 넓혀야 합니다. 현재 우리나라는 신청자를 친족에 국한하였으며, 실질적인 보호자 역할을 하더라도 환자를 경제적으로 부양하고 있음이 입증되어야 보호의무자의 요건을 만족합니다. 미국의 경우 '관계있는 성인'이라면 신청이 가능하며 영국은 국가 공인 정신건강 전문가를 신청자의 범위에 포함합니다. 실제로 현재 우리나라에서는 병원에 방문한 보호자가 보호의무자 요건을 충족하지 않아 돌아가는 일이 빈번히 발생한다고 합니다. 강제 입원의 남용을 막기 위한 목적으로 정신건강복지법이 개정되었지만, 기준이 지나치게 까다로워 오히려 더 큰 문제를 불러온 것입니다. 비자의 입원 신청자를 가까운 친척의 범위로 넓히고, 경제적 부양 여부를 입증하지 않더라도 보호자의 역할을 하고 있는 경우 입원 신청이 가능하도록 재개정이 이루어져야 합니다.

위와 같은 법률 개정이 이루어짐으로써 먼저 정신질환자들이 적정 치료 시기를 놓치는 일을 줄일 수 있습니다. 한편 사회적 인식의 측면에서는 비자의 입원 기준이 '자타해 위험'일 때보다 '치료 필요성'으로 변경되었을 때 정신질환자에 대한 낙인 효과가 줄어들 것입니다. 또한 비자의 입원 개시 신청자의 범위를 넓힘으로써 불필요한 절차를 줄이고 위급한 상황에 보다 유연하게 대처할 수 있습니다.

정신질환자의 인권 침해를 막기 위한 목적으로 시행된 탈원화 정책은 불합리한 강제 입원을 막기 위해 필요하다고 생각합니다. 하지만 환자의 인권 수호에 정말로 필요한 것은 적시에 치료가 이루어지는 것입니다. 비자의 입원 절차를 까다롭게 하는 것이 아니라, 정신병동의 환경 개선을 위해 관련 기준을 설정하고 정신 재활 시설의 지역적 불균형 해소를 위한 정책을 마련하는 것이 정신질환자의 인권 보장을 위한 보다 효과적인 방안이라고 생각합니다. 환자와 보호자의 입장을 모두 고려한 정책이 마련되어 국민들이 불편함을 겪거나 불의의 사고가 발생하는 일이 줄어들었으면 하는 마음입니다.

청와대 국민청원 게시판에 청원글이 올라가기 위해서는 먼저 100명의 동의를 얻어야 한다. 글이 게시되지 않은 상태에서 내게 있는 것은 청원 게시판의 링크뿐이었고, 주변 사람들의 동의를 구하는 것이 막막해 보이기만 했다. 실제로 글을 올린 것은 5월 초이지만, 참여 인원을 늘리는 과정이 막막하게만 느껴져 미루다 6월이 되어서야 100명을 채우게 되었다. 하지만 내 꿈을 알고 있는 지인들은 글을 읽고 바로 청원에 참여해 주었고, 자신도 동의한다며 응원의 글을 남기기도 했다. 이러한 주변의 모습을 보며 왜 이제야 시작했을까 후회하기도 했다.

한 달이 지나면 청원이 종료된다. 정신건강복지법의 개정은 현재 크게 이슈화된 문제가 아니기도 하며, 의료 분야의 종사자가 아니면 그 필요성을 느끼기 힘들어 공론화되지 않았다. 이러한 현실적 제약으로 인해 내가 바라는 것만큼 많은 동의를 얻기는 힘들 것이라는 사실을 알고 있다. 또한 정신건강의학과 의사의 자문을 구해 조금 더 완성도 높은 글을 작성했거나, 의료인 중 영향력 있는 유튜버가 실제로 이 문제를 영상에서 다룬 일이 있는데 댓글창을 통해 알렸다면 어땠을까 하는 마음에 아쉽기도 했다. 하지만 이러한 경험을 통해 내가 정신건강의학과 의사가 되고자 했던 동기와 초기의 다짐을 되새길 수 있었다.

나는 정신질환과 관련된 사회적 문제에 관심을 가지고 이를 널리 알리는 정신건강의학과 의사가 되고 싶다. 정신건강복지법이 개정될 때 전문가의 의견을 충분히 수렴하지 않아 이와 같은 문제가 발생하였는데, 환자를 가장 오랜 시간 마주하는 것은 보호자와 의사이다. 정신질환자를 둘러싼 문제가 발생한다면 이에 목소리를 내는 사람은 그 누구도 아닌 의료인이 되어야 할 것이다. 의료인은 보호자의 목소리를 듣고 잘못된 부분이 있다면 그에 대한 변화를 모색해야 한다. 이는 내가 되고자 하는 의사의 모습이며, 꿈을 이루기 위해 주변의 문제에 관심을 가지고 목소리를 내는 등의 방법으로 최선을 다할 것이다.

학교생활기록부 교과세특 기재 예시

세상을 바꾸는 건의문 활동을 위해 현직 정신건강의학과 의사와의 인터뷰 도중 정신건강복지법 제43조에 따른 '보호의무자에 의한 입원' 기준이 정신질환 당사자와 보호자를 곤경에 빠뜨리는 역설적인 경우가 빈번히 발생함을 문제 상황으로 인식함. 현실적인 법률 개정이 필요함을 깨닫고 개선 방안 모색을 위해 세계 각국의 정신건강복지법을 분석하여 우리나라와의 제도적 차이점을 파악함. 분석 내용을 기반으로 입원 기준을 자타해 위험과 치료 필요성 중 하나의 충족으로 변경하고, 입원 개시 신청자의 범위를 넓혀야 한다는 방안을 제시하는 건의문을 완성함. 환자의 인권 보호를 위하는 길은 적시에 치료가 이루어질 수 있는 환경을 만드는 것임을 강조하였고, 법률 개정을 통한 기대 효과로 정신질환자에 대한 낙인효과의 감소와 위급 상황에의 유연한 대처를 들며 설득력을 높임. 작성한 건의문을 청와대 국민청원에 건의함으로써 5일 만에 200명의 동의를 받음. 소감 발표에서 정신질환과 관련된 사회문제에 관심을 가지고 목소리를 내며, 바람직한 변화를 모색하는 정신건강의학과 의사가 되겠다는 포부를 밝힘. 현안의 쟁점을 체계적으로 분석하는 능력과 실현 가능한 문제 해결 방안을 제시하는 능력이 탁월함.

담쟁이들을 위한 교사의 역할

날갯짓은 날개가 자라면서 함께 시작되어야 한다. 어른들은 "요즘 애들은 너무 나약하고, 정치나 사회문제에 관심도 없어."라고 쉽게 말한다. 하지만 가만히 생각해 보자. 어른인 우리가 그들을 '아이들'이라고 부르며 성장을 금지하진 않았는지. 그러는 동안 그들의 날개는 점차 힘을 잃고 퇴화해 버려서 날갯짓하는 방법을 잃어버렸는지도 모른다.

그저 믿고 지켜봐 주는 것만으로도 아이들은 스스로, 제 길을 찾아 나설 수 있음을 어른들이 까맣게 모르고 있었던 것은 아닐까? 이런 말이 있다.

"만일 당신이 배를 만들고 싶다면, 사람들에게 목재를 가져오게 지시하고 일감을 나눠 주는 등의 일은 하지 마라. 대신 그들에게 저 넓고 끝없는 바다에 대한 동경을 갖게 하라."

어쩌면 지금 우리는 아이들에게 바다에 대한 동경을 일깨우지 못하고 맹목적으로 배만 만들라고 지시하고 있는 건 아닐까. 우리 앞에 선 아이들을 온전히 믿지 못하면서 주저하고 망설이는 어른들의 용기 없음을 먼저 반성해야 하지 않을까?

또한 '나만 아니면 되지, 뭐', '그게 나랑 무슨 상관이야?', '내가 뭘 해도 어차피 세상은 안 바뀌어!'라는 생각으로 눈앞의 자기 밥그릇만 챙기면서 공공의 문제나 소외된 사람들의 이야기를 외면하는 어른들의 모습을 우리 아이들에게 너무 많이 보여 주진 않았는지 다시 한번 살펴보아야 한다. 늘 그렇듯 어른들이 문제이다.

교사는 세상을 바꿀 수 있다고 믿는 사람임을 우리는 늘 잊지 않아야 한다.

"교사는
세상을 바꿀 수 있다고 믿는 사람이다."

민주의 성장 일기

"제 목소리로 세상을 바꿨어요!"

TV 뉴스에서 아프간 난민들의 처참한 모습이 담긴 자료 화면과 함께 아나운서의 음성이 흘러나온다.

"탈레반의 아프간 장악으로 아프간 난민이 급증하고 있습니다. 하지만 대부분의 국가는 난민 수용 불가 입장을 취하고 있어…"

'그러면 저 많은 사람은 이제 어디로 가야 하는 거지? 어떻게 되는 거지? 누구라도 도와줘야 하는 거 아니야?'

학교에 와서 이 문제에 대해 친구들과 이야기하며 선생님께도 여쭤 보았다. 그리고 난민 수용과 관련된 사례와 쟁점들을 조사해 보았다.

친구들과 토의하면서 아프간 난민 수용에 대한 우리의 의견을 글로 정리해서 국민청원 게시판에 게시하고, SNS에 아프간 난민 수용 문제를 홍보하기로 했다.

쌤께서는 우리에게 **"어떻게 이런 생각을 했어? 멋지다!"** 라고 칭찬하셨다. 사실 우리는 그냥 해야 하니까, 하고 싶어서 하는 거라 쌤의 칭찬이 조금 당황스럽고 어색하기도 하다. 그래도 지구 저편에 있는 고통받는 아프간 난민들에게 우리가 작은 도움의 손길을 내밀 수 있어서 다행이라는 생각이 든다.

우리의 목소리가 반영되어 세상이 꼭 바뀌었으면 좋겠다. 아니, 우리가 꼭 그렇게 만들 거다.

9장

민주시민교육,
한 걸음 더 나아가요

누구도 독재자로 태어나지 않는다.
마찬가지로 성숙한 시민은 하늘에서 떨어지는 것이 아니다.

_테오도어 에센부르크(독일의 정치학자)

우리들의 못다 한 이야기

독일의 보이텔스바흐 합의와 논쟁성 재현의 어려움

오연희

저는 우리나라의 정치교육에 대해 선생님들의 생각을 들어 보고 싶어요. 사실 정치교육의 헌법이라고 일컬어지는 독일의 '보이텔스바흐 합의'를 언급 안 할 수가 없네요.

조희정

보이텔스바흐 합의에 대해 들어 보긴 했는데, 간단하게 설명해 주실 수 있을까요?

오연희

보이텔스바흐 합의는 1945년 제2차 세계대전 이후 전범국이자 패전국이 된 독일이 국가사회주의(나치) 역사를 반성하고 청산하기 위해 정치교육의 원칙을 정한 합의예요.

박주현

보이텔스바흐 합의는 전쟁 이후 독일이 베를린 장벽을 사이에 두고 동독과 서독으로 나뉘어 극명히 대립하던 당시 시대 상황을 먼저 이해할 필요가 있어요. 당시 동독과 서독 국민 사이에 이념 갈등이 깊었고, 서로 추구하는 정치교육의 목표가 달랐어요. "법을 준수하는 민주시민이 되도록 가르쳐야 한다."라는 입장과 "아니다. 체제를 개혁할 수 있는 비판적 시민이 되도록 가르쳐야 한다."라는 입장이 첨예하게 대립했죠. 독일 정부는 교육현장의 혼란을 막기 위해 1976년, 작은 마을인 보이텔스바흐에 보수와 진보 진영을 망라한 정치가, 연구자, 교육자들을 한데 모았어요. 두 진영의 대표자들은 이틀 동안 치열한 토론 후 정치교육의 세 가지 원칙을 정하게 됩니다.

1. 강압적인 교화와 주입식 교육을 금지하고 학생의 자율적 판단을 중시한다.
2. 논쟁적 주제는 수업 중에도 다양한 입장과 논쟁이 그대로 드러나게 한다.
3. 학생의 상황과 이해관계를 고려해 스스로 시민적 역량을 기를 수 있도록 한다.

이후 보이텔스바흐 합의 원칙에 기초해 학교에서 다양한 정치교육이 이루어졌어요. 교사는 토론이 원활하도록 중재만 하고, 학생들은 치열한 토론을 통해 스스로 고민하고 답을 찾았죠. 하나의 관점에만 머물지 않고 반대 관점으로 바꿔 가며 토론했고, 어떤 체제가 좋은지를 주입식이 아니라 스스로 느끼고 배우게 한 것이죠.

그런데 보이텔스바흐 합의는 강제성 있는 법이나 규정은 아니죠?

김병국

네. 보이텔스바흐 합의는 공식 법규나 지침으로 도입되지는 않았지만 마치 독일 정치교육의 헌법처럼 자리매김했고, 수십 년간 서로 다른 정치체제에서 살아온 서독과 동독 간의 화합을 끌어내는 데 크게 기여했어요. 모든 독일의 공교육에서 현재도 적용되고 있고, 미국, 폴란드, 러시아 등에서도 보이텔스바흐 합의를 채택하고 있습니다.

박주현

좀 더 단순하게 접근하면 보이텔스바흐 합의는 누군가에 의해 생각을 강요받는 방식의 교육, 즉 주입식 교육을 배제하고자 하는 원칙이라고 말할 수 있겠네요.

김병국

맞아요. 교실 속에서 논쟁과 토론을 통해 자기 목소리를 낼 수 있는 시민으로 커 가고, 이러한 과정에서 자신의 정치적 견해를 갖게 하는 것이 보이텔스바흐 합의의 교육 목표입니다.

오연희

그런데 왜 유독 우리나라 학교에서 사회적 현상과 정치 현안에 대한 논쟁성 재현이 잘되지 않고, 교사를 비롯한 학교 구성원들도 이 부분에 호의적이지 않을까요?

김병국

김 선생님의 질문에 대한 답변이 우리나라 민주시민교육의 문제와도 직접적으로 맞닿아 있을 거란 생각이 드네요. 2015 개정 교육과정에서 민주시민교육의 중요성이 대두되었지만, 여전히 대부분의 학생들은 대학 입시라는 틀 속에 갇혀 오지선다형 객관식 문제의 답만 찾고 있죠. 결국 이러

박주현

한 상황에서는 토론과 논쟁을 통한 비판적·성찰적 사고가 아닌 오직 정해진 답을 쉽게 찾으려는 암기식·폐쇄적 사고에 익숙해질 수밖에 없어요.

저는 교사의 생각과 반대되는 질문을 하는 아이를 나의 교권에 도전한다고 생각하거나, 어른에게 버릇없이 대한다고 여기는 교사의 권위적인 모습부터 되돌아봐야 한다고 생각해요. 우리나라 선생님들은 자신이 틀렸거나 실수했을 때 그것을 인정하는 것 자체에 강한 거부감이 있잖아요. 이렇게 권위적이고 닫힌 태도의 교사 앞에서 아이들이 쟁점이 있는 문제에 대해 이야기하는 것은 당연히 어려울 겁니다.

저도 조 선생님과 비슷한 생각이에요. 얼마 전 tvN 인사이트 〈미래수업〉 프로그램에 패널로 나온 독일인 출연자가 경험한 교육학 선생님의 말씀이 인상 깊었어요.

"저도 틀릴 수 있으니까 제가 가르치는 모든 내용에 대하여 여러분이 직접 알아보고, 혹시라도 동의하지 못하는 내용에 대해서는 무조건 의견을 제시하고, 무조건 받아들이지 말아 주세요."

이처럼 교실의 논쟁성 재현을 위해서는 교사 자신도 틀릴 수 있다는 열린 마음과 학생들의 의견을 허용적으로 받아들일 수 있는 태도가 선행되어야 합니다.

교사의 정치적 중립성

오연희

저는 교사의 정치적 중립성도 교실의 논쟁성 재현을 저해하는 매우 큰 요인이라고 생각해요. 「헌법」과 「교육기본법」에 교원의 정치적 중립성이 명시되어 있어요. 물론 교사의 정치 활동을 보장하는 미국의 사례를 보면 최근 급진 성향의 교사들이 학생들에게 안티파[39]를 따라 시위를 하라고 하거나, 성조기 대신 무지개 깃발에 경례를 시키는 등 물의를 일으킨 일부 교사들도 있었어요. 우리나라에서 교사의 정치 활동을 제한하는 것은 아마 이런 사례가 발생할지도 모른다는 우려 때문이기도 하겠죠? 교사의 정치적 자유가 학생들의 학습권을 침해할 수 있다는 생각과 동시에, 정치적 권한이 제한된 교사에게 민주시민교육을 적극적으로 실천하라는 시대적 요구와 모순된 상황이라는 생각도 들어요.

김병국

맞아요. 고등학교에서 '정치와 법' 과목을 가르치는 동료 선생님과 이야기해 보면, 교원의 정치적 중립성이라는 울타리에 갇혀서 그야말로 지식교육만 딱 하고 끝낸다는 거예요. 그건 진정한 정치교육이라고 말하기가 어렵죠.

조희정

교사의 정치적 권한이 제한된 상황에서는 민주시민교육을 실천하는 교사들이 수업에서 다룰 수 있는 내용이 한정적일 수밖에 없겠네요. 이런 상황에서 쟁점이 있는 사회·정치

---

39. '안티 파시스트 액션(Anti-Fascist Action)'의 줄임말로 파시즘·백인우월주의·신나치주의(네오나치) 등의 극우세력에 대항하는 급좌파 집단을 지칭한다(네이버 시사상식사전).

적 현안에 대해 논쟁 수업을 재현한다는 것 자체가 허울뿐 이겠다는 생각이 듭니다.

박주현

저도 가끔 사회·정치적 이슈에 관해 이야기하다가 '혹시 내가 정치적인 발언을 하지는 않을까?'라는 생각이 들어 멈칫했던 적도 있어요. 이러다 보니 교사는 정치교육에 당연히 소극적일 수밖에 없고, 이로 인해 학생들은 사회에서 일어나는 다양한 정치적, 사회문화적 이슈에 대해 생각해 볼 기회를 놓치는 것이죠.

김병국

맞아요. 단순히 수업 방식의 변화만으로는 우리 교실의 논쟁성 재현은 힘들어요. 독일 속담에 '죽은 물고기만 강의 흐름을 그대로 따라간다'라는 말이 있어요. 교실에서 죽은 물고기들을 만들어 내는 것은 비판의식이 죽어 있는 교사들일지도 모르겠어요. 선거 연령 하향이라는 시대적 흐름과 더불어 정말 신랄하고 치열한 논쟁성 교육이 필요한 시점이 아닌가 싶고요. 우리도 보이텔스바흐 합의와 같은 정치교육의 원칙을 세우고, 교사의 정치교육을 활성화할 수 있는 제도적 방안도 뒷받침되어야 한다고 생각해요.

코로나19 이후 민주시민교육

조희정

코로나19로 우리 교육이 많은 혼란도 겪었지만 그만큼 또 많은 변화가 일어났잖아요. 코로나19 이후 달라진 민주시민교육과 앞으로의 민주시민교육의 방향성에 대해 선생님들과 이야기를 나눠 보고 싶습니다.

오연희

저는 코로나19가 장기화되면서 민주시민교육 이전에 교육의 본질에 대해 다시 생각해 본 계기가 되었어요. '아이들에게 학교란 어떤 의미일까?', '교사의 역할은 무엇일까?' 등과 같은 물음을 던져 보면서 말이에요. 한동안 원격 수업을 받는 아이들에게 교사는 무엇을 해 줘야 하는가에 대한 고민도 있었죠.

조희정

저는 이번 코로나19 사태를 겪으면서 학교라는 공간의 의미를 다시 생각해 보는 계기가 되었어요. 이제는 학교가 학업을 배우는 공간의 의미를 넘어서 돌봄의 공간인 동시에 공동체를 실현하는 공간이라는 생각이 들었어요. 단순히 공부를 잘하기 위함이 아닌 학교에서 함께 고민하고 나눌 수 있는 경험을 통해 성장하는 것에 학교의 존재 이유를 두어야 한다고 생각합니다.

김병국

저는 코로나19가 학교의 존재 의미뿐만 아니라 민주시민교육에서 다뤄야 할 여러 이슈도 던져 주었다고 생각해요. 코로나19 백신 접종을 선택하는 개인의 건강권 및 보건권 문제, 그리고 식당이나 실내시설을 이용할 때 작성하는 출입명부 유출에 따른 개인정보 보호 문제 등이 바로 그것이죠. 앞으로 이러한 요소들도 민주시민교육의 중요한 논제로서 아이들과 이야기할 필요가 있지 않을까요?

박주현

저는 코로나19가 아이들이 민주시민교육에서 강조하는 토론과 협력의 장을 강렬하게 원한다는 것을 확인할 기회였다고 봐요. 아이들이 학교에 오지 못하고 비대면 수업을 하다 보니 대면 수업에 대한 그리움이 커진 거죠. 여기서 중요한 점은 온라인이든 오프라인이든 아이들이 토론과 발표의 장을 원했다는 사실이에요. 이런 차원에서 보면 코로나19가 오히려 교실에서 민주시민교육을 실현할 수 있는 원동력을 심어 준 게 아닌가 싶기도 해요.

조희정

박 선생님 말씀을 듣고 보니, 이제는 학교가 오프라인과 온라인을 아우르는 민주시민교육을 고민해야 하겠다는 생각이 들어요. 온라인과 오프라인의 혼합된 수업 방식인 블렌디드 수업에서 아이들의 시민성을 기를 수 있는 교육 방안에 대해 교사가 연구할 시점이라고 봅니다.

오연희

최근 비대면 문화가 확산하면서 메타버스[40]라는 플랫폼이 급부상하고 있어요. 우리는 곧 현실의 자신과 메타버스와 같은 가상 세계의 자신의 두 모습을 하고 살아갈 세상을 맞이할지도 모르겠어요. 이런 미래에는 지금보다 더욱 책임 있는 시민의 자질이 요구되리라 생각해요.

---

40. 현실 세계와 같은 사회·경제·문화 활동이 이뤄지는 3차원 가상세계를 일컫는 말로, 1992년 미국 SF 작가 닐 스티븐슨의 소설 『스노 크래시』에 처음 등장한 개념(네이버 시사상식 사전).

공감과 연대로 하나 되는 민주 사회

김병국

코로나19 팬데믹은 우리에게 교육의 근본적인 목적이 무엇인지를 생각하게 했어요. 얼마 전 2021 학교 민주시민교육 국제 포럼에서 하버드 교육대학원 페르난도 M. 라이머스 Fernando M. Reimers 교수의 기조연설 중 "인간이라는 것은 인간이 우리 서로에게 낯선 것이 없도록 사는 것입니다."라는 유명 작가 테렌스의 말을 인용한 것이 생각나네요. 앞으로의 민주시민교육이 사람들 스스로 이질적인 것들이 없고 서로를 이해하는 능력뿐만 아니라 책임 의식을 가지고 실천하는 인간으로 교육해야 한다는 의미였죠.

박주현

서로에 대한 이해는 곧 공감으로, 공감은 자연스럽게 연대 의식으로 이어지겠네요. 교육부의 〈2022 개정 교육과정 추진 계획(안)〉을 보면, 연대와 실천, 관용과 적응성, 상호의존성 인식, 미래 세대에 대한 책임감, 공감과 경청 등의 역량을 제시하고 있어요. 저는 이러한 역량들이 결국 공감과 연대로 귀결된다고 생각해요.

조희정

저도 앞으로 민주시민교육의 방향은 연대 의식에 주목해야 한다고 봐요. 특히 코로나19로 인해 소득의 격차에 따라 교육 불평등이 야기되고, 이는 곧 빈곤의 대물림이라는 사회 구조가 더욱 굳어질 수 있는 심각한 문제이죠. 그렇기에 지금 이 시기가 소득과 계층의 차이를 떠나 아이들에게 동등한 배움과 경험의 기회가 주어져야 한다는 연대 의식이 필요한 시점이라고 생각해요.

김병국

사실 코로나19로 인해 교육의 불평등뿐만 아니라 경제 상황이 불안해지면서 우리 사회 전반적으로 계층화가 더욱 가속화되었잖아요. 이런 계층화가 심각해진 상황에서는 배려와 연대의 가치를 함양하는 민주시민교육의 역할이 더욱 중요합니다. '나만 아니면 되지'라는 생각을 버리고 더불어 잘 살아야 한다는 연대 의식이 필요한 시점이에요.

오연희

2021년 여름, 서울대학교 기숙사에서 숨진 채 발견된 청소 노동자가 하루에 옮긴 쓰레기 양이 250킬로그램이나 되었다는 기사를 봤어요. 청소 노동자의 어려움과 근무 여건에 공감하고 개선하는, 말하자면 연대하는 공동체였다면 이런 일이 발생하지 않았을 거라는 아쉬움이 들었어요. 게다가 서울대학교라는 상징성을 생각하면 더 아쉬워요. 같은 맥락으로 우리가 근무하는 학교라는 공동체를 한번 함께 생각해 보면 좋겠습니다. 한 예로 급식실에서 근무하는 분들은 매일 몇백 명분의 식사를 준비하면서 연기가 가득한 공간에서 지내고, 때로는 실내 내부 청소를 위해 가열한 세제 증기를 마시기도 한다고 해요. 가까이에 있는 그분들을 공감하는 것이 바로 연대의 출발이라고 생각합니다.

박주현

학생이 세계를 바라보는 시선을 넓힐 수 있도록 교육하는 것도 중요합니다. 학생들은 현재 생활하고 있는 세계가 전부라고 여긴 채 자신의 작은 습관이 지구 반대편에 어떤 영향을 미칠지에 대해 생각해 볼 기회가 없어요. 아무 생각 없이 냉장고를 여닫는 습관이 이산화탄소를 발생시켜 지구 반대편 작은 섬나라들이 바닷물에 잠길 수 있다는 사실을 알게 된다면 조금 더 조심스럽게 행동하지 않을까요.

김병국

선생님들 말씀을 들어 보니, 코로나19라는 위기 상황에서 공감과 연대의 가치가 더욱 필요하다는 생각이 드네요. 바로 이러한 가치들이 우리가 앞으로 나아가야 할 민주시민 교육의 방향을 가리키는 나침반이 되리라 생각합니다. 내가 아닌 다른 사람들, 특히 사회적으로 소외당하고 위기에 쉽게 노출될 수밖에 없는 이들에 대한 우리의 따뜻한 시선이 절실한 시점이죠. 서로를 이해하고 함께하는 힘! 이것이 우리 사회를 더욱 따뜻하고 가치 있게 만드는 밑거름이 될 수 있다는 점을 다시금 실감하게 됩니다.

여러분은 어떤 시민이 되고 싶나요?

도담유치원 햇빛3반(7세) 아이들.

바다지킴이

경찰관이되서
범죄없는세상
을 만들래요

환경오염악당
잡는경찰

아픈동물을
치료하는
동물병원
선생님

행복하고
사이좋은
세상을 만들래요

코로나없애는
개발자가
되고싶어요

속상하고
불편한친구가
하나도없는세상

마스크벗고
모두가웃는
세상을
만들고싶어요

사람들을
도와주는
소방관

좌야초등학교 4학년 1반 아이들.

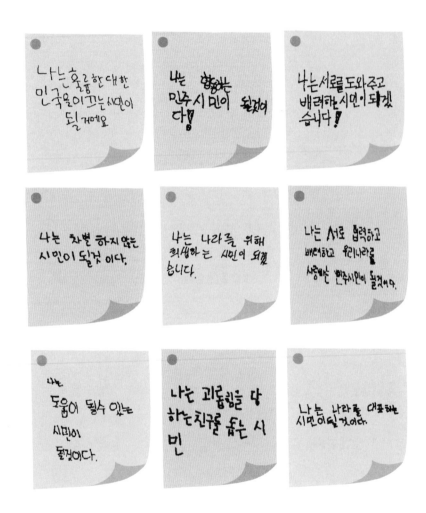

무안북중학교 1학년 2반 아이들.

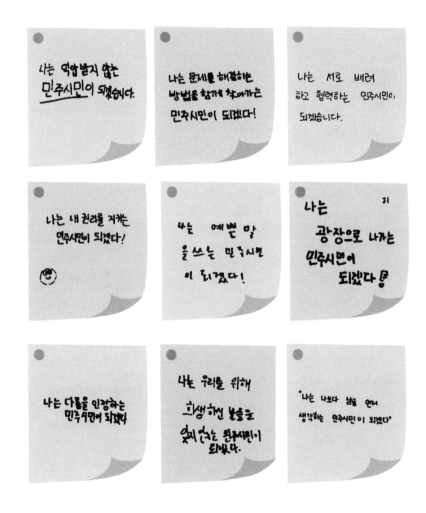

남악고등학교 3학년 2반 아이들.

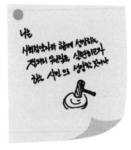

다른 사람의 어려움을
지나치지 않고 부정과한
사회속에서 정의를 외칠수
있는 시민!

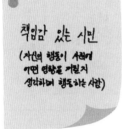

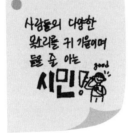

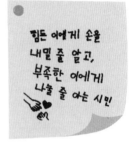

웃음을
나눠줄 수 있는
시민

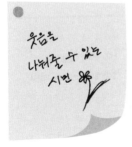

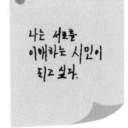

나는 강자한테는
강하고 약자한테는
약한 시민이되고싶다

참고 문헌

[1장]
• 교육부(2018). 민주시민교육 활성화를 위한 종합계획. 교육부.
• 김누리(2017). 아도르노의 교육담론. 독일언어문학, (78), 279-307.
• 김누리(2020). 우리의 불행은 당연하지 않습니다: 대한민국의 불편한 진실을 직시하다. 해냄.
• 마이클 샌델(2020). 공정하다는 착각: 능력주의는 모두에게 같은 기회를 제공하는가. 와이즈베리.
• 설규주(2020). 민주시민교육 관점에서 살펴본 2015 개정 교육과정 총론의 개선 방향. 열린교육연구, 28, 169-197.
• 송호근(2015). 나는 시민인가. 문학동네.
• 이기범(2020. 8. 7). [사진]여의도공원 인근에 모인 전공의들. 머니투데이.
• 이상수(2006). Basic 고교생을 위한 사회 용어사전. 신원문화사.
• 오찬호(2014). 우리는 차별에 찬성합니다. 개마고원.
• 최원형(2020. 10. 12.). "서울대·고려대·연세대 신입생 55%가 고소득 가구 자녀". 한겨레.
• 한국교육과정평가원(2021). 학교 수준 민주시민교육 활성화를 위한 교육과정 개선 방안, 3-4.

[2장]
• 강민정, 한선아(2017). 유아교사가 인식하는 유치원 안전교육 표준안에 대한 연구: IPA 기법을 중심으로. 한국콘텐츠학회논문지, 17(6), 661-671.
• 강정민, 강석진(2020). 유치원 아동학대 예방을 위한 현황분석 연구. 대한건축학회 학술발표대회 논문집, 40(2), 149-152.
• 곽은복(2004). 유아의 안전능력 향상을 위한 사고예방 교육 프로그램의 모형 설계. 유아교육학논문, 83(3), 63-79.
• 곽현주, 김명하(2016). 학교폭력 관련 교육에 대한 유아교사의 인식과 요구 분석. 유아교육학논집, 20(4), 217-236.
• 안영진(2010). 유아인성교육. 창지사.
• 안현주 외(2018). 만 2세 영아와 교사 간 비언어적 의사소통의 의미 탐구. 유아교육·보육복지연구, 22(2), 195-224.
• 유형근 외(2019). 학교폭력 예방 및 학생의 이해. 학지사.
• 이새샘(2016. 12. 8). "벙어리장갑 아닌 '손모아장갑'입니다". 동아일보.
• 이세화 외(2020). 국내외 아동학대 관련법과 처리 절차에 반영된 아동 정서학대 및 방임의 정의. 아동복지연구, 18(1), 57-78.
• 최은경(2020. 11. 22). "'형님반' 없애고, 아빠다리 → 나비다리… 성평등 어린이사전 보니". 중앙일보.

[3장]
- 교육부. 2019 개정 누리과정 해설서.
- 교육부. 2019 개정 누리과정 놀이실행자료.
- 교육부. 2019 개정 누리과정 놀이운영 사례집. 놀이, 유아가 세상을 만나고 살아가는 힘.
- 김은영(2019). 누리과정 개정 방향과 고시문 이해(2019 개정 누리과정 교사 연수자료). 교육부·보건복지부·육아정책연구소.
- 우병창(2011). 아동권리협약의 이행과 우리 법의 정비. 안암법학. 안암법학회.
- 이원영(1983). 어머니의 자녀교육관 및 양육태도와 유아발달과의 관련성 연구. 이화여자대학교 박사학위논문.

[4장]
- 마크 라이너스(2014). 6도의 멸종. 세종서적.
- 박종주(2020. 11. 2). "순천만을 배우고, 순천만에서 자란 우리가 순천만을 지켜요". 전남일보.
- 송경은(2019. 9. 23). "韓 1인 탄소배출량 세계 4위… '탈원전으로 더 커질 것' 우려". 매일경제.
- 유다정(2008). 투발루에게 수영을 가르칠 걸 그랬어!. 미래아이.
- 윤우성(2021. 7. 23). "쓰레기 버릴 곳 없어… 10년 내 쓰레기 대란 온다". 연합뉴스.
- 조일준(2021. 7. 31). 7억 년 뒤 지구는 쓰레기로 기억된다. 한겨레21.
- 좌야초등학교(2021). 탄력적 교육과정 편성·운영 연구학교 보고서.
- 좌야초등학교(2021). 펼친다 I 선택활동 교육과정.
- 최재천(2004). 생명이 있는 것은 다 아름답다. 효형출판.
- https://blog.naver.com/scymca7/221577535311에서 인출.
- https://news.ebs.co.kr/ebsnews/allView/10294048/N에서 인출.
- https://news.ebs.co.kr/ebsnews/allView/10302229/N에서 인출.

[5장]
- 구정화(2015). 청소년을 위한 인권 에세이. 해냄.
- 김지혜(2019). 선량한 차별주의자. 창비.
- 서지혜(2015. 10. 14). "맘충, 급식충… 벌레가 된 사람들". 헤럴드경제.
- 신준희(2021. 7. 23). "[올림픽] 개막식 입장하는 난민대표팀". 연합뉴스.
- 윌리엄 밀러(2004). 사라, 버스를 타다. 사계절.
- 하마다 게이코(2011). 평화란 어떤 걸까?. 사계절.
- https://blog.naver.com/unhcr_korea/222466739914에서 인출.

[6장]
- 「경기도학생인권조례」 제16조.
- 광주수피아여자고등학교 학교생활 규정.
- 「교육기본법」 제5조.
- 국민청원(2020. 5. 25). 불편한 교복을 개선해 주세요.

- 국민청원(2019. 3. 10). 교복 자율화.
- 국민청원(2019. 1. 16). 학생들을 위해 교복을 없애 주세요.
- 미래교실네트워크(https://www.futureclassnet.org)
- 미래교실네트워크. 사쵀수프 길라잡이, 10쪽.
- 박경자(1996). 한국민족문화대백과사전.
- 서울특별시교육청 학생인권옹호관(권고 2018-09).
- 인권위(2008. 2. 28). 07진인1146.
- 조정미. 누구에게도 양도할 수 없는 권리, 인권. 행정안전부 국가기록원.
- 통계청(2021. 5. 25). 2021. 청소년 통계.
- https://news.kbs.co.kr/news/view.do?ncd=3164660&ref=A에서 인출(2015. 10. 15. 박진영, 걸그룹이 찍은 '교복 광고' 선정성 논란. KBS).

[7장]
- 경찰청. 경찰 통계 자료: 경찰청 사이버 안전.
- 교육부(2015). 초·중등학교 교육과정 총론(교육부 고시 제2015-74).
- 교육부(2021. 1. 21). 2020년 학교폭력 실태조사 결과
- 방송통신위원회. 2020년 사이버 실태조사 결과 보고서, 49쪽.
- 김향미(2021. 5. 26). "디지털 성범죄 가해 청소년 10명 중 9명, '범죄라 생각 못 해'". 경향 뉴스.
- 문권모(2006. 7. 28). "내년부터 인터넷 '제한적 본인확인제' 시행". 동아일보.
- 미디어통계포털. 한국미디어패널조사: 미디어기기 보유.
- 신현준(2021. 7. 18). "정보강국? 한국 학생 디지털 정보 파악 능력 OECD 바닥권… 0.3% 정보교육 늘려야". YTN.
- 양승남(2021. 3. 18). "'연예인, 악성 댓글에 자살하는 게 정상 아냐' 리지, 충격 악성 댓글 공개". 스포츠경향.
- 여성가족부(2020). 아동·청소년 대상 성범죄 발생 추세와 동향 분석.
- K-MOOC 누리집(www.kmooc.kr).
- 위진솔(2018. 2. 6). "취준생 SNS 엿보는 기업들… 당신의 SNS 안녕하신가요". 아시아경제.
- 유선희(2021. 8. 2). "'일단 던지고 보는' 유튜버·구독자… '명예훼손' 고소·고발 급증". 경향신문.
- 유정화(2019. 10. 25). "'저를 지워 주세요'… '디지털 장의사'를 아시나요?". 매일경제.
- 이대희(2012. 8. 23). "인터넷 실명제 도입 5년 만에 폐지된다". 프레시안.
- 「정보통신망 이용촉진 및 정보보호 등에 관한 법률」 제5장.
- 「정보통신망 이용 촉진 및 정보보호 등에 관한 법률」 제44조 제1항.
- 정제영(2018). 디지털 시대와 4차 산업혁명에 대비한 교육의 시대. 박영스토리.
- 정제영(2019). 디지털 혁명 시대, 디지털 시민성의 중요성. 행복한 교육 2019년 5월호: 교육부.
- 정제영(2016). 지능정보사회에 대비한 학교교육 시스템 재설계 연구. 교육행정학연구, 34(4), 49-71.
- 통계청(2021. 5. 25). 2021. 청소년 통계.

- 폴 길스터(1997). Digital Literacy. New York Wiley.
- http://www.pandora.tv/view/yunhap/62498858#1608216_new에서 인출.
- PISA(2021. 5. 4). 21세기 독자: 디지털 세계에서 읽고 쓰는 능력 개발.

[8장]
- 한국청소년활동진흥원(2021). 나의 참여 메이트: 청소년 참여활동 안내서, 31.
- 김신혜(2020). 청소년 시민참여 교육 사례 연구. 서강대학교 교육대학원, 13-14.
- 「대한민국 헌법」.
- 유엔아동권리협약.
- 김동춘 외(1997). 역사비평 1997년 겨울호(통권 41호). 역사문제연구소『역사비평』
  대토론: 한국 학생운동의 역할과 새로운 모색 토론: 한국 학생운동의 역할과 새로운
  모색. 역사비평사, 61-115.
- 장석흥(1994). 한국독립운동사연구 제8집. 조선학생과학연구회의 초기 조직과 6·10
  만세운동, 205-227.
- 이경호 외 5인(2019). 고등학교 정치와 법. 미래엔
- 전라남도교육청(2021). 2021 학교 민주시민교육 기본 계획.
- 교육부 고시 제2015-74호 국어과 교육과정.
- "우리가 학교를 바꿨어요" 초딩들, 민주시민을 예습하다(https://www.hani.co.kr/
  arti/politics/politics_general/781926.html#csidx0b81c295fb1b3bca3c0c5b-
  7ba340667).
- 국립중앙박물관(https://www.museum.go.kr/site/child/content/facility_infor-
  mation).
- 이윤주(2014. 4. 9). "어리다는 편견에 청소년 사회참여 어렵다". 아시아경제(https://
  cm.asiae.co.kr/article/2014040910273824887).
- 김효실(2013. 12. 29). "외국에선 청소년 정치참여 활발". 한겨레(https://www.hani.
  co.kr/arti/society/society_general/617537.html).
- 아름다운재단 기획연재 〈Z세대의 공익활동③-청소년 사회참여의 역사〉(https://
  beautifulfund.org/49891/).
- 코드나무 커뮤니티(http://codenamu.org/about/codenamu/).

[9장]
- 강원도, 경기도, 서울특별시, 인천광역시교육청(2021). 2021. 학교 민주시민교육 국
  제 포럼 자료집.
- 교육부(2021). 국민과 함께하는 미래형 교육과정 추진 계획(안).
- 인천광역시교육청 학교 민주시민교육 교사아카데미(2020). 민주주의자들의 교실: 민
  주시민교육의 철학. 마북. 74-75, 156-157, 284-292.
- 한국교육개발원(2019). 초·중등학교 민주시민교육 활성화를 위한 방향과 과제, 139-
  153.
- https://jisike.ebs.co.kr/jisike/vodReplayView?siteCd=JE&prodId=352&course-
  Id=BP0PAP에서 인출(EBS 지식채널ⓒ 보이텔스바흐, 어떻게 가르칠 것인가).
- https://youtu.be/GlFBfBitWyk에서 인출(tvN 인사이트 뉴노멀 강연쇼 미래수업-김
  누리 교수 편).